5度の
臨死体験が
教えてくれた
この世の法則

小林健
本草閣自然療法センター院長

イースト・プレス

5度の臨死体験が教えてくれた
この世の法則

はじめに

前作を読んで「死への不安」が消えた人たち

前作『5度の臨死体験でわかったあの世の秘密』（イースト・プレス）は、おかげさまで大好評の本となり、刊行から約一年を経過して、この原稿を書いている現在、五度の重版をするロングセラーとなっています。

日本での講演や出張カウンセリングでお会いする多くの方々から、あるいはメールやフェイスブックなど、インターネットを通じてつながる方々から、数え切れないほどのよろこびと感謝のメッセージをいただいて、「あの本を書いてよかったな……」と感じる毎日です。

その中で、もっとも多く寄せられたメッセージは、

「ケン先生の本を読んで、死に対する不安が消えました」

というものでした。

いま暮らしている世界から自分が消えてしまう、離れてしまう……という漠然とした不安感。友人を失う、家族を失う、恋人を失う、愛犬のワンちゃんを失う、築き上げた財産や家を失う……という喪失感。

私の本を読んだことで、こうした死に対する負のイメージから解き放たれ、**「あの世に不幸はない。死とはPeace《ピース》なんだ」**と知ることができて安心したと、多くの方がよろこんでくださっています。

そうです。

死の世界には、地獄がありません。天国しかないのです。そこは穏やかで、ただただ平和な世界が広がっています。

この世での生を終えた人は、善人悪人のへだてなく、すべての人がその天国に向かうのですから、**死への不安などみじんも感じる必要はない**のです。

「経験者は語る！」です（笑）。

五回も死んだ私がいうのですから、間違いありません。

あの世とは、この世の延長線上にある、次のシチュエーションにすぎないのです。

日本のみなさんにこれだけはお伝えしたい

超一流大学で教鞭《きょうべん》をとる哲学者や、大病院の精神科の権威、また芥川賞や直木賞などを受賞している大作家などではなく、ただ犬を抱いて幸せそうにニッコリ笑うおじさんが、

「みなさん！　あの世とは、こんなところでしたよ！」

と本の中でフランクに語りかけたことで、

「死の世界の話と、そこに編《あ》まれた言葉のひとつひとつがスムーズに心に染みてきました」

といってくれた人が、たくさんいらっしゃいました。

たしかに小林健という男……すなわち私は、威厳はなくても誰よりもフランクであることには自信があるので、みなさんがそう感じてくれたことを本当にうれしく思います。

先日も久しぶりに渋谷の街を歩いていたら、何人かの人が私に気づいてくれて、

「ひょっとして小林健先生ですか？」

と声をかけてくれました。

「はいはい、ケンですよ。本を読んでくれたの？　Ｔｈａｎｋ　ｙｏｕ！」

とハグをしたところ、まわりにたくさんの人が集まってきて、

「私も読みましたよ」

「僕も読みました」

と握手攻めにあい、とてもハッピーなひとときを送ることができました。

「あの本は本当に大評判だったんだな……」

と実感し、私が五度の臨死体験を通して知りえた真実を、多くの人に伝えることができたよろこびをかみしめることができました。


いまだに「死を語る」ことはタブーとされ、どこかの誰かの手によって秘密のベールに無理やり包み込まれ、隠されています。

しかし、私にとって死とは「現実を抜け出して、ちょっと銀河系まで飛んでいく」という自然な営みのひとつにすぎません。

本来、死とは誰にとっても身近なものなのです。

死んでみれば誰にでもわかることですが、**死ぬことは痛くもかゆくもなく、それどころかとても気持ちよく、安らぎに満ちた平穏感に浸《ひた》ることのできる幸福なもの**です。

七歳のときに初めて死んでから、六〇歳になるまでに五回も死んでしまった私の経験を語ることで、死の世界は暗くて恐怖に満ちたものであるという誤ったイメージを、読者のみなさんから払拭《ふっしょく》できたことはとてもよかったと思っています。

死の話は、もっと明るく楽しく語られるべきです。

あの世にいるときには、

「肉体がなくなっても、小林健という存在が消えることはないんだな……」

ということをしみじみ感じることができます。それは、この世に戻ってからも揺るぎない安心感、大きな幸福感として心に残ります。

この気づきの根源にあるもの……その姿こそ、私が本を通してみなさんに伝えたい唯一ののであることに最近思い至りました。

その根源にあるものを手にできれば、この世はずっと楽しくなり、生きやすくなります。

また、肉体のない世界、ただ果てなく広がる銀河というあの世を経験することで、この世だけで暮らす人には、決して思いつかない新しい発想も生まれます。

その発想の仕方についても、本編でくわしく語っていきたいと思います。

もし帰りのチケットが確保できるのであれば、ぜひみなさんにも死の世界に行ってもらいたいのですが、残念ながらたいていの人は死の世界から戻ることができないので、私が伝える意義はあるはずだと確信しています。

天国で世界平和の実現を祈り続けている船井幸雄《ふないゆきお》先生が、

「小林健を世に出さないと、世界中の多くの苦しむ人を救えない」

といつもおっしゃってくれるのも、その宿命こそといえましょう。


現代では、死の世界を語る行為はまだまだ特異なこととされていますが、その半面、このような本がみなさんに抵抗なく受け入れられるということも、いまという時代の空気感なのだと思います。

出版社の担当の方から、前作『5度の臨死体験でわかったあの世の秘密』がロングセラー、ベストセラーになりつつあると聞かされて、私はいま一度、あの本を通してみなさんに伝えたいことはなんだろうと再考しました。


臨死体験による気づきの根源にあるもの……。

結論からいえば、それは「**愛**」です。

それも、恋人や家族、友人などの大切な他者に注ぐ愛情ではなく、「**自分への愛**」です。

「自分を愛すること」ができれば、すべての苦悩は解決されます。病気も治ります。

「あの世」を知れば「この世」の法則がわかる

死を経験すると、この世のすべてが白紙に戻ります。

死者には喜怒哀楽がなく、その心中は澄み切って落ち着き、つねに穏やかです。その死者たちが住み暮らしている死の世界もまた、同じように一点の不協和音も存在しない、静かな平和に満ちた世界です。

それは、この世にあるような余計なしがらみが一切ないからにほかなりません。

私は幼いときから医療の現場に身を置いて、成長とともに医学の勉強を続けてきました。

その医学とは、対症療法に終始する西洋医学ではなく、身体はもちろん、心や精神、魂にいたるまでを治療の対象とし、人間のすべてを診《み》るホリスティック医学です。

この医学では、ケミカルな薬は一切用いませんし、もちろん手術もしません。しかし、**西洋医学では絶対に治らないとされる病気も克服でき、健康をとり戻す人があとを絶ちません。**

それはなぜかというと、ホリスティック医学はすべての人間が生まれながらに備えている自然治癒力を信じ、そのパワーによって病気の原因をとり除くからです。

西洋医学のように、ただ表面的な症状だけを抑えて、病気が治ったかのように見せかける対症療法とはモノが違います。

そんな自然療法師としての目を養ってくれたものこそが、私の人生で五回に及んだ臨死体験です。

はからずも死の世界をじっくり観察する機会を得たことで、この世に網の目のようにはびこる無用なもの、余分なことがらを視界からとり除いて、本質だけを見きわめる眼力を身につけることができたわけです。

そのおかげで、西洋医学のように表面的な症状だけを薬で抑えたり、病気の原因とはほど遠い患部を切りとる手術などで部分的に対処する医療ではなく、人それぞれの身体と心、魂を観察して、病気を生み出す本当の原因をとり除き、その人の自然治癒力をサポートする治療が可能になりました。

死の世界を通して見れば、みなさんにも「この世の法則」が見えてくるはずです。

この本を通して、私はそれを伝えたいと考えています。

5度の臨死体験が教えてくれたこの世の法則
もくじ

はじめに

第1章 自分を愛すること

第2章 「いま」を生き切る

第3章 愛する人とともに生きる

第5章 この世を「天国」にする

装幀　水戸部 功
編集協力　西田貴史(manic)
二本木志保(manic)

第1章
自分を愛すること

悲しみ、不安、後悔、
焦り、恐怖、自己嫌悪……。
ネガティブなとらわれを、
ぜんぶ手放しちゃおう！

「自分を愛する」だけですべては解決する

すべての苦悩は、ものの本質を見きわめることで解決します。

ものの本質とは、あらゆる物ごとに共通している真理で、たったひとつしかありません。

それは「自分を愛すること」です。

この世のすべては、自分への愛を唯一の根っこにして広がっている、その茎や枝葉、花や実にすぎないのです。

つまり、**あなたがあなた自身を愛することができれば、すべては解決してしまいます。**

病気はもちろん、仕事上の悩み、家族や恋人、友人など人間関係の悩みなど、そのすべては自分を愛することで、たちまちあとかたもなく消え去ってしまうでしょう。


自分を愛することで、なぜ病気が治ってしまうのかというと、それは自分の身体や心、そして魂に対して、興味を持って見る目が培《つちか》われるからです。

すると、商品を売るために巧みに仕組まれたメディアの情報に惑わされることもなくなり、つまらない噂《うわさ》に踊らされることもなくなります。自分の身体の変化にすぐ気がつきますし、自然治癒力が訴えかけてくる声も、はっきりと聴こえるようになります。

その声のとおりに生活習慣を改めれば、ほとんどの病気は治ってしまうものです（ただし、もともと自然界に存在せず、人為的な操作で世界にばらまかれたものや、化学物質による汚染で引き起こされる病気は、少し厄介です。陰謀論のように聞こえるかもしれませんが、残念ながらこの世には悪意に満ちたことがたくさん起きています）。


では、誤った情報や噂、周囲のしがらみに振り回されず、シンプルに自分自身に向き合うとは、どのようなことなのでしょうか。

「食欲」を例に説明します。

朝、ラッシュ時の通勤電車に乗って会社に行き、一生懸命働いていると、社内放送で正午を告げるBGMが聞こえてきます。サラリーマン、もしくはOLさんであるあなたは、

「もう昼か……。お腹が空《す》いたなあ。そろそろランチに行こう！」

きっと、そう感じると思いますが、このときにちょっと立ち止まって考えてほしいのです。

「自分は本当にお腹が空いているのだろうか？」

この疑問について、冷静に考えてみてください。「食欲」とは、生命を維持するためのエネルギーや、不足している栄養素を求める、人間の身体が発する声です。

つまり、正午を告げる社内放送によって喚起されたものであれば、それは本当の食欲ではありません。また、同僚に、

「お昼を食べに行こうよ！」

と誘われたからといって食べる食事も、決してあなたの身体が欲したものではありません。

外部からの刺激によって食事を摂ることは、自然な食欲に応えていることにはならないのです。

これは、メディアの情報に惑わされ、つまらない噂に踊らされていることと同じ現象ですから、自分自身に愛をもって、向き合っていることにもなりません。

このように、**自分の身体や心、魂に向き合っていない生活習慣を送ることで、さまざまな病気の原因がつくられてしまう**ことを、みなさんには気づいていてもらいたいと思います。

余計なものでふくれ上がり、ねじ曲げられた情報によって、真実が隠されてしまっているのが現代社会の姿です。

真実ではない、しがらみに囚《とら》われて生きる癖がついてしまうと、真実ではないことを真実と信じ、やる必要のないことをやらなければいけないと思って日々を過ごすことになります。そんなことを続けていては、どんな人でも知らずしらず疲弊していきます。

自分自身を愛することで真実に目覚め、この世の法則を見抜くことができれば、この世界はもっと楽しく、生きやすい場所になるでしょう。

「あの世」よりも「この世」のほうが面白い

この本を最後まで楽しんで読んでいただければ、あなたは自分の真の姿を発見し、その美しさに感動すらおぼえ、自分自身を愛することができるようになるはずです。そうすれば、**この世の法則がはっきりと見えて、今生《こんじょう》を楽しく生き切ることができる**でしょう。

あの世……死後の世界である天国は、エンジョイするには平和すぎる場所です。

おいしいラーメン屋さんもありませんし、気の利《き》いたレストランもありません。女性はたくさんいますが、恋をするための感情は持てません。イケメンの男性もたくさんいますが、ドキドキするような乙女心は、死んだ瞬間に失われてしまいます。

ピースに浸《ひた》って気持ちはいいけれど、ただそれだけの世界です。

この世……みなさんが生きるこの世界は、善と悪がグチャグチャに入り乱れているぶん、楽しく刺激的なサムシングに満ち満ちています。好きな相手と素敵な夜を楽しむ肉体を持つことが許されています。これは、とてもすばらしいことです。

この世のすべては、あなたがよいほうに受け止められれば、よいものに変わります。逆に悪く受け止めれば、悪いものに変わります。

貧乏な人は「お金持ちになりたい！」ということばかりを欲するのではなく、貧しい中でも身のまわりに転がっている幸福を見つけて、それを楽しむことを忘れてはいけません。

堅実な家庭に生まれて、きまじめに育った人も、「放蕩《ほうとう》な遊び人になりたい！」と願うのではなく、家庭菜園で育てたトマトのおいしさに感動する自分を愛してほしいと思います。

いま生きている時代がもっとも輝いている時代であるということに気づき、どうか生を謳歌《おうか》してください。

死を迎えて天国に行けば、喜怒哀楽や感情の波はすべて失われ、この世の記憶は忘却の彼方《かなた》となり、思い出すこともできなくなります。決定的にシチュエーションが違うのです。

あなたはあなたであり、ほかの誰とも違う唯一の存在です。血のつながりのある家族や気の合う友人と、どれだけ顔や考え方が似ていても、他人とは絶対的に違うのです。

「自分は自分である」という真理を発見して、それをこの世での生にどう活かすのか気づく。それをみなさんに体験してもらえればと思います。

他人と比較するのではなく、**自分こそが唯一のスターであり、成功者であること**を、この本を通じて知っていただきたいと思います。


これから、私が五度の臨死体験を通して知った「この世の法則」について解説します。

みなさんには、それをぜひ参考にしていただいて、死を迎えるまでの今生をエンジョイして生き切ってください。

ポジティブな毎日を送るための二つのコツ

「ドクター・ケンは、いつもポジティブだね！」

スタッフや患者さん、そして友だちから、私はよくそんなふうにいわれます。

自分では、特別に前向きな人間とは思っていないので、どうしてそういわれるのかな？　と考えてみたのですが、きっとそれは私がリアクティブ（反発）しないからなのだろうと思い当たりました。

大切なのはまず、**何ごとも感情的にならないこと**です。

目の前で何かが起こる、もしくは誰かに何かをいわれたときに、熟慮することなく感情的に反応する癖がついていると、ポジティブになるのは難しいものです。

たとえば、

「ドクター・ケンの日本語は、ちょっとおかしいですね」

「なんですか、あなた！　失礼だね！」

なんて怒ってしまっては、つねにネガティブな人になってしまうし、その相手との関係性も深まることなく、楽しい展開になりません。

「**日本語だけじゃないよ。英語もおかしいんだよ！**」

なんて、ジョークたっぷりに答えると、相手のほうも、

「アハハ！　日本語も英語もヘタクソでも、ジョークは上手ね！」

こんなふうにノッてきたりして、その人との関係性はぐっと深まりますし、その場の空気もホットになっていきます。

このようなコミュニケーション術も、五度の臨死体験であの世にいる人たちの世界を見てきたことで養われたものです。

あの世……天国は、争いのない平和な世界です。

それは、そこに暮らす死者が感情的にならないことで成立し、保たれている平和なのです。

まずは、感情的にならないことを心がけてください。


感情的にならないことに成功したら、その次は、**二、三歩下がって物ごとの全体像を眺めること**をおすすめします。自分自身が当事者であったり、対象との距離が近すぎたりすると、状況のすべてを把握することはできません。

視野が狭すぎると、どうしても少ない判断材料の中で考えがちですので、思考する頭の環境が窮屈になってしまうものです。

そんなときはステップバック、そこから二歩も三歩も下がってみる癖をつけましょう。

状況や物ごとから距離をとることで、冷静に全体像を眺めることができるようになると、八方ふさがりのピンチに思えた状況でも、

「なんだ、この程度のことだったのか……。放っておいても大丈夫じゃん！」

などと、案外簡単に解決されてしまうものです。

面白い例を挙げましょう。

友人夫婦から相談を受けて、彼らの話し合いの場に同席したときのことです。話し合いを重ねるうちに、ふたりとも徐々に感情的になってきて、売り言葉に買い言葉……そのまま激しい口論へと発展してしまいました。

よく観察してみると、彼女のほうは全身を小刻みに震わせて怒っていて、彼のほうは少し威圧的に上から彼女を抑え込むような感じで激高しています。

それでも奥さんのほうは、彼の目をしっかり見ていて、わりと冷静さを保っています。逆に夫のほうは、目を血走らせながら大声で怒鳴っているけれど、手足が震え、よだれも垂らしています。

「だいぶ、血圧が上がっているな。血管も収縮しているし、このまま長く続けば、心筋梗塞や脳卒中で倒れても不思議じゃないな……」

と自然療法師である私は医学的なことを考えながら、**スマートフォンをとり出して、こっそりと彼らのやりとりを録音しはじめました**。

すでに彼は自分を見失い、感情の波に負けて声を荒らげていますが、彼女は少しステップバックして考えはじめていて、やがて怒りをおさめて、この場の収拾を図ろうとしている様子が私には手にとるようにわかりました。

すると、彼女はまったく話の趣旨に関係のないことをポツリといいました。

「あなた、右の靴下に穴が開いているわよ」

突然、そう指摘された彼はキョトンとして、目の血走りや肌の紅潮がスーッと引き、あっという間にもとの姿に戻り、自分の足元を見て笑いはじめました。

「話の腰を折る」といいますが、使いようによってはなかなかいい方法です。

「勝負あり……」

そう思った私は、彼ら夫婦にひとつの提案をしたのです。

「ちょっとお茶を飲みながら、一緒にこれを聞いてみない？」

紅茶を飲んで一息つきながら、私はスマートフォンで録音したふたりのやりとりを再生しました。しばらく聞くうちに、ふたりは笑い出して、

「ドクター・ケン、もうやめてよー」

「しかし、僕たちは同じことをいっているよね。同じ意見なのに、なぜケンカしているんだ？」

「だから、ずっと私はそういっていたでしょ？」

「いやあ、ごめんごめん。でも、僕にはあのときわからなかったんだよ」

こうして、ふたりは無事仲直りして、問題も解決できたわけですが、**録音した自分たちの会話を聞く**というのは、当事者がまるで第三者のように客観的に状況を把握できる方法です。

これもステップバックと同じ効果があり、お勧めです。

日本人は「ステップバック」が得意な民族

本来の日本人というのは、奥ゆかしくて控えめな性格で、客観性を保つためのステップバック、距離のとり方の上手な民族です。

先日、日本を訪れているとき、その好例をテレビで見ました。

プロデビュー以来の連勝記録で話題となっている、中学生棋士《きし》の対局中のひとコマだったのですが、彼が対戦相手の後ろに立って、対戦相手と同じ目線になって次の手を考えていたのです。

「まさか中学生で、こんなことができるとは……」

私はため息をつきました。これこそ究極のステップバックだと思えたからです。

ギリギリとひたすら力むのではなく、戦場である将棋盤から距離をとって、さらに相手の考えを見抜くために目線を同じにすることなど、ふつうはなかなかできません。ましてや彼は中学生なのですから驚きです。

日本の伝統的なゲームともいえる将棋の世界には、昔の日本人が備えていたクレバーな習慣がしっかり残っているといえるでしょう。

また、自分が負けたと感じたら、みにくく足掻《あが》かずに清く負けを認めて、

「参りました！」

と相手に頭を下げて投了する潔さは、日本人の美徳そのものです。

勝った相手も喜びを爆発させたりせず、ともに礼を忘れないのも、すばらしいと思います。

これは相撲や柔道などにも共通した作法です。

つまり、**どんな局面においても感情的にならず、勝負の中でも熱くならず、距離を保って全体を見渡すことを忘れないマインド**は、もともと日本人の得意とするところなのです。

ムダなことはすぐにやめよう!

感情的になって、狭い視野で物ごとを見ている人は、自分自身を見失っているので決してポジティブにはなれません。そのような人と関わり合ったときには、

「ちょっと考えてみるね。エクスキューズ・ミー!」

といって、私はすぐにそこから離れてしまいます。

離れて誰にも邪魔されない、しがらみのない場所……ひとりで散歩に出たり、知り合いのいない静かな喫茶店に入ったり、難しければトイレに籠《こも》ってでも、**とにかく自分ひとりになって、フレッシュな気分を注入して考えてみる**のです。すると、たちまち、

「関わっても意味がないな。よし、やめよう!」

とスッキリ気持ちの整理ができてしまいます。

私はこのような考え方を幼いときからやっていて、五度の臨死体験を経て、さらにステップバックの名人になれたので、いまはまったく落ち込むことがありません。
二、三歩下がって距離をとり、全体像をゆっくり余裕を持って眺めると、相手が都合よくついているウソで塗り固められた壁がボロボロと崩れ去り、化けの皮がペロリとはがれて、真実

だけが見えるようになります。

ウソのメッキが秋の枯れ葉のように落ちるさまを見ていると、なぜか楽しくなってきて、相手がかわいらしく思えてしまうほどです。


感情的にならず、いつも冷静でいる……というと、クールな男を思い浮かべるかもしれませんが、私はそんなカッコいいジェントルマンではなく、おしゃべり好きな陽気なおじさんです。

クールであるというより、ドクター・ケン流でいえば、

「とにかくムダなことはしない！」

というスタイルでしょうか。

忙しい現代に生きるみなさんは、気をつけないとムダなことをしすぎて疲弊してしまいがちです。ムダなことはムダですから、見切りをつけてすぐに手放してしまいましょう。

人と争う、ケンカすることも労力のムダ使いです。

感情的にならずに、相手の人と距離をとり、反発ではなく肯定してしまいましょう。

「あなたみたいな人もいるよね。ＯＫ！　では、エクスキューズ・ミー！」

このスタンスで、たいていのムダな時間は省《はぶ》けて、ポジティブに楽しい時間を過ごせるはずです。

人生の終わりは必ず「ハッピーエンド」

家族や恋人、親しい友人が亡くなると、誰しも悲しみのどん底に落ちると思います。

そこには、きっと言葉にできない苦悩や寂しさがあることでしょう。

もちろん、私もとっくに両親を亡くしていますし、これまで何人ものベストフレンドが彼岸《ひがん》に渡っていきました。

ときには臨終を看取《みと》る自然療法師として、多くの悲しみの現場に立ち会ってもきました。


しかし、私の死に対する考え方は、みなさんと少し違うと思っています。

私にとっての死とは、**この世の世界を飛び出して、大いなる宇宙という無限の世界へ旅すること**であり、この考えは幼いときから染みついているものです。

それは最初の臨死体験をした七歳のときの事故死――幼少期を過ごした新潟県の山中にあるダムに、友だちと水遊びに行って潜水し、水中の立ち木に足がひっかかり溺死《できし》してしまったとき、死後の世界をこの目で見てきたからにほかなりません。

ダムの水中で息絶えた私は、苦しいどころか、しだいに気持ちよくなってきて、漆黒の闇の世界に入ったと思った瞬間に、魂となって宇宙に飛んでいきました。

それはジャスト・ワン・ミニットとでもいうべき一瞬の出来事で、まさに一〇〇億分の一秒の大いなる飛躍でした。

闇の先には満天の星空が広がり、息をのむほどの美しい世界でした。

そんな美しい世界の片隅に、死んだ人が暮らす天国は存在しているのです。


私が見た死後の世界は美しく、平和に満ちた世界でしたから、死そのものについても悲しく思うことがないのは当然です。

死を迎えることでその人は幸福になり、しがらみもなくなり、嫌なこと、つらいことをやり続ける義務もすべてきれいになくなるわけです。

つまり、死は完成の姿であり、神さまからのご褒美ともいえる僥倖《ぎょうこう》なのです。

老いて傷つき、不自由な肉体を引きずって生きることから解放され、身軽になって、幸福な気持ちや本能のおもむくまま飛翔できる。魂という姿で生き続けられるわけです。

死とは、決して終わりではないのです。

この世の感覚でいえば、死とは大切な人が思い出だけを残して姿を消してしまう、つらい別れということになりますが、本当の死とは、次なるステージへ、新しい世界へステップアップすることなのです。

ですから、悲しむことではないのです。

前作『5度の臨死体験でわかったあの世の秘密』は、実際に死んであの世を見てきた者の使命として、このことだけをみなさんに伝えたくて書きました。

人生の終わりは、必ずハッピーエンドです。

そう考えられるようになれば、他者の死は悲しいものでなくなり、自分自身の死も怖いものではなくなります。

人間は「孤独」であるからこそすばらしい

しかし、どうして多くの人は、大切な人の死という悲しみから、うまく立ち直ることができないのでしょうか。

この問いへの答えは、「なぜその人はあなたと一緒の時を過ごしたのか？」ということをよく理解すればわかります。

あなたにとっての大切な人は、あなたのためにそばにいたのでしょうか？　違いますよね。その人は自分自身のために、この世に存在していたのです。

同じ意味で、あなたもあなた自身のために、この世に存在しているのであって、ほかの誰かのために存在しているわけではありません。

このことは別段、冷淡な考えではありません。その真意は、**人は孤独であるがゆえにすばらしく、孤独であるがゆえに、それぞれの生まれてきた使命を果たすことができる**ということです。

あなたの思いもむなしく、あなたの大切な人は亡くなってしまいましたが、それは、その人自身が生まれながらにして背負ってきた使命を無事に果たし終え、次のステージに進んだだけのこと。

ですから、もっとハッピーに考えてよいのです。

このことは、たとえその人が一〇〇歳であろうが、三歳であろうが同じです。年齢は関係ありません。使命を果たすために一〇〇年かかるか、三年で済むのか、それだけのことです。

大切な人の死を悲しむより感謝をしよう

人の人生、使命は十人十色《じゅうにんといろ》です。短命であることや、自分と違う点を見つけて、「かわいそうに……」と他者のことを考えてしまうのは、むしろ失礼なことです。

たとえば、先天性の原因で両腕のない子どもが生まれてくることがあります。腕を使えない生活は本当に不便なことだと思いますが、**それは個性であって、「不便」であっても「不幸」ではありません**。

「自分には腕があるのに、この人にはないから、かわいそう……」などと考えるのは、つまらないエゴにすぎないのです。

腕がなくても、五体満足の人よりも幸福な人はいくらでもいますし、その人は足を手腕のように使って、たくましく、美しく人生を送っているのです。また、先天的に腕がないことは、きっとその人の使命にも深く関係しているでしょう。

短命で亡くなる子どもも同じです。

その子には、きっと三歳で天寿をまっとうせざるをえない使命があったのです。私やあなたより短い人生だったからといって、その子が不幸であったと考えてはいけません。

昨日までそばにいた人がいなくなるのですから、寂しい、悲しいと感じるのは当然のことですが、その感情はだんだんと薄れていくのが自然です。

「あの人を亡くしてから、時間が止まってしまった……」

といって、あまりにも長い間悲しみに鎖でつながれてしまうことは、旅立ったあなたの大切な人が望むことでは決してありません。

「私の死は、あなたが泣き続けるようなことではない」

「私は次のステージに向かっただけよ」

「もっと生きいきと過ごしてくれないと成仏できない」

きっと亡くなった人は、そんなふうに思っているはずです。美しい宇宙の片隅で、心地よい平穏な空気に浸りながら……。

その人の死を本当に悼《いた》むのであれば、その気持ちを「感謝」に変えてみましょう。

「二〇年間、本当にありがとう。あなたと過ごせたから、いま私は生きいきとエンジョイしています。悲しみもあったけど、本当に幸せです。あなたと出会えたことに、感謝しています」

そんなふうに思ってあげてください。

「いつでも、私のところに遊びにきてね！」

そう呼びかけるのもいいと思います。余裕を持ってそんなふうに考えられるようになったとき、あなたの悲しみの気持ちはくるりと転じ、心から感謝をすることができるでしょう。

感謝の気持ちは、何年持ち続けても長すぎることはありません。

亡くなった両親はいまも私のそばにいる

ここで、私の両親の死の話をしましょう。

父は亡くなる前日に、私を呼んでこういいました。

「ケンよ。父さんは、神さまから呼ばれたからちょっと行ってくるからね」

それに私はこう答えます。

「えーっ！　神さまは父さんの力なんて必要ないと思うよ……」

「ハハハッ。もちろんそうだろうけど、呼ばれたら行かないとね。父さんの命は神さまにもらったものだから、何かのお役に立たないといけないだろう」

と笑いながら私に伝えました。

話を終えると、お酒を飲んで床《とこ》につき、翌朝には亡くなっていました。

その後の臨死体験のときに、たくさんの死者と話をしましたが、私の父と同じように、**亡くなる人はたいてい数日前には自分が死ぬことがわかっているよう**です。

身近に迫る自分自身の死を理解して、亡くなるための準備をしたり、家族や親しい人とのお別れのコミュニケーションをとったりするのでしょう。あとから考えると、

「そういえば、あのとき最後のお別れのようなことをいっていたな……」

という感じで、思い当たる人も少なくないのではないでしょうか。


最後のお話をした翌日、父の死を前に私は悲しみをおぼえ、

「父さん！　どうして僕を置いていったの？」

と語りかけました。すると、すぐに父の声がして、

「ケンを置いてなんかいかないよ。ほら、すぐ目の前にいるじゃないか」

と返事がありました。そして、こう続けたのです。

「もう父さんには身体がないから触れることはできないけど、いつもケンの近くにいるぞ」

そういって父の魂は笑い、昇天していきました。

父が死んでから、もう四〇年ほど経ちましたが、その約束どおり、いまでも目をつぶって父を呼ぶと一瞬にして私の前に現れます。現れるときは、暖かいけれど少し涼しい春風が吹くような気配がし、必ずいいアドバイスをして私を助けてくれます。

気まぐれの父らしく、ときおり呼びかけても現れてくれないこともありますが、「それはケンが自分で考えて解決しなさい」というメッセージなのだと解釈しています。

母も同じように、呼びかければいつでも現れてくれます。母の死は、父の死のちょうど一年後のことでした。亡くなる前日に、母は私を呼んでこういいました。

「ケン。母さんは、もうすぐお父さんのところに行くからね」

すでに父の死によって、**死とは肉体を失うだけで、その人がいなくなるわけではない**ということを学んでいた私は、母の死がまったく悲しくありませんでした。

「ケン。買いものに行ってくるね」

「うん。行ってらっしゃい」

そんな日常的な会話と同じように、死を前にした母の言葉を聞いていたのです。母もまた、みずからの死を特別なもののようには感じていなかったと思います。

ちなみに私の父と母は、病気や事故で死んだわけではありませんでした。まったくの健康体のまま、いつもの日常生活の中で私に死を宣言し、まるで計画どおりと思えるほど自然に死んでいったのです。

前作で紹介したとおり、私の父は「カバラ」と呼ばれるユダヤ教の宗教哲学をきわめた人で、その力はユダヤ系ロシア人であった祖父から受け継がれたものでした。

母は生粋《きっすい》の日本人でしたが、新潟県の十日町《とおかまち》というところで三五〇年以上続いていた「春日本草閣《かすがほんぞうかく》」という治療院の娘で、やはり霊的なパワーを備えていた人でした。

そんなふたりですから、このような死に方はふつうではないように思われるかもしれませんが、私が五度の臨死体験を通して、あの世で言葉を交わした多くの死者から聞いた限りでは、どんな人でも同じように、みずからの死を事前に察知しているようです。

死は決して終わりではありません。肉体から解放された魂は、静かで平穏な空気に満ちた美しい死後の世界へと羽ばたいていきます。死を迎えることで初めて、その人の生は完成を迎え、新たなるステージへと進むことができます。

家族や恋人、親しい友人が亡くなったときは、**必要以上に悲しみにくれることなく、あなた**

自身の残された生の時間を生きいきとエンジョイしてください。

「余命宣告」なんてあてになりません

死を迎えようとしている人は、事前に自分の死を察知しているものだとお話ししましたが、死を予知できるのは本人だけで、他人には決してわからないものです。

それは、たとえ西洋医学の医師であっても同じことです。つまり、**医師による余命宣告などはまったく信じるに値しないもの**なのです。

いわゆる末期がんであると診断されたときに、

「先生、私はあと何年生きられますか？」

「残念ですが……長くてあと二年です」

などというやりとりがよくあるようですが、こんな医師の言葉はまったく意味がありません。

西洋医学の世界では、余命を患者に告げるケースは少なくありませんが、こんなことでショックを受ける必要はないのです。

西洋医学の医師が考える余命というものは、これまでどのくらい抗がん剤を投与したかだとか、心臓の鼓動がどのくらいあるかだとか、医療というビジネス・ルールの中で試算されたもので、このままいけば三日間、あるいは二年間などと割り出しているだけです。

そんな方法で他人の死期を予測することなど、まったくのナンセンスです。

しかし、現実的に患者本人が尋ねているわけでもないのに、余命を口にするような医師もいますので、そんなときには、

「先生には、そんなこともわかるんですか。すごいですね！　まるで神さまじゃないですか」

といって見切りをつけたほうがよいでしょう。

どんな名医と呼ばれる医師でも、しょせんは人間です。神さまではありません。

下手な鉄砲も数撃てば当たるというように、数十人、数百人に余命を告げればピタリと当たることもあるでしょうけれど、実はほとんどは外れているものだと思います。

医師が告げる余命を気に掛けるのは、患者さん本人だけではありません。患者さんの家族や友人など、周囲の人はみな気にするものでしょう。

しかし、くり返し述べているように、死期の予測など本人以外には絶対にわかるものではあ

りませんので、**医師が口にする余命など気にすることなく、患者さんといつもどおりの日常、いつもどおりの関係を築くこと**を心がけてください。

私が強い調子で、医師が口にする余命宣告を否定するのは、それを告げることによって患者さんが大きな精神的ダメージを受け、身体にも影響を及ぼしてしまうからです。

また、自分には時間がない、残された命は短いと思い込むことで、無理なことをしてしまうケースも少なくありません。

さらに、家族や友人など周囲の人にもプレッシャーを与えてしまい、患者さんにとって大切な、穏やかな日常を壊してしまうことにもつながります。

「余命宣告は、百害あって一利なし!」

と強く申し上げておきたいと思います。

医師の言葉より「自分の感覚」を大切に

人は誰しも、遅かれ早かれ死を迎えます。

しかし、それはあくまで肉体の死であって、魂は永遠に生き続けるのです。

死の世界を五回も垣間見た私がいうのですから、間違いありません。

肉体の死を迎えるまでの日々は、残された時間などではなく、**次のステージに向かうための準備期間であり、新しい世界へと飛躍するための助走**です。


ニューヨークにある私の診療所にも、医師から余命を告げられてショックを受けた患者さんとその家族がよくいらっしゃいます。

ある患者さんは、家族や親類、会社の同僚まで、十数人も引き連れて診察室に現れ、悲壮な表情を浮かべてこうおっしゃいました。

「ドクター・ケン。私は医者から余命三週間といわれてしまいました……」

私はこのようにおっしゃる患者さんには、必ず同じ質問を返すことにしています。

「そうですか。あなた自身は、自分があと三週間で死ぬと思いますか？」

私からのこの問いを受けて、

「はい、そう思います」

と答えたのは、私の数十年にわたる自然療法師人生でたったのひとりだけです。たいていの人は、否定されます。この日の患者さんもそうでした。

「医者からそういわれると、そうなのかな……と考えてしまうけど、自分ではまったく死ぬ気がしないです」

「なるほど……。食欲はありますか？」

「恥ずかしいほど、よく食べています」

「うんちは出る？」

「はい。毎日スムーズに出ています」

「睡眠は？」

「毎晩ぐっすり寝られます」

「**ごはんが食べられて、うんちも出て、しっかり寝ることができるということは、あなたの身体をつくる七〇兆個の細胞がみんな元気だということ**。だから、三週間では死なないと思いますよ」

「ですよね。私もそう思います！」

一緒に来たお子さんたちにも、患者さんの様子を聞いてみると、

「お父さんとボウリングに行ったけど、ストライク連発で絶好調だったよ」

といいますし、会社の同僚だという人に尋ねても、

「先日、一緒にバーに行きました。病気を気にしてお酒は飲まなかったけど、隣のテーブルの女性たちと気が合って同じテーブルで楽しく過ごしましたよ。彼は薬指を見せて『僕を好きになってはいけないよ！』なんてジョークを飛ばしていました」

すると、患者さんはますます元気になってきて、

「ドクター・ケン。僕が三週間で死ぬわけないね！」

といって、診察室は大爆笑でした。帰り際には、

「私たち一体何しに来たんだろう？」

なんていいながら、全員でハグし合って笑いながら帰っていきました。

あれから五年ほどの月日が経ちますが、その患者さんは元気に暮らしています。

しかし、あのまま医師による余命宣告を信じ込み、精神的ダメージを受けながら日々を過ごし、周囲の人たちとの穏やかな日常生活が崩れてしまっていたとしたら、三週間とはいわなくとも、数か月かけて病気が悪化し、彼は本当に死んでしまったかもしれません。

余命を告げられても、絶対に気にしないようにしましょう。

患者さん本人はもちろん、周囲の人もあわてて患者さんにプレッシャーをかけないよう注意しましょう。

とにかく、いつもどおりの穏やかな日常を大切にすることが肝要です。

「あなたのためを思って……」

などと、本人の意思を無視した延命治療などに突っ走るのは、はっきりいって患者さんにとって迷惑なことでしかありません。

死を悲しいものと思わず、日常の延長線上にある自然なことであると考えれば、医師による余命宣告のまやかしにも振り回されることはなくなります。

子どもを残して旅立つ前にすべきこと

遅かれ早かれ、人はみな死を迎えます。

死を迎える人の中には、まだ幼いお子さんをこの世に残すことに心を痛めている人もいらっしゃることでしょう。

幼い子どもの判断力、理解力は大人のそれとは異なりますが、がんや肝炎など死につながりそうな病気に罹患《りかん》した場合は、**お子さんに対して、ご自身の身体に起こっていることを伝えるべき**と私は考えています。

「お母さんは、がんという病気なんだよ。でもまだまだ元気だし、精いっぱいがんばるからね。お医者さんも一生懸命助けてくれるからね」

などとお話しすればよいでしょう。しかし、

「もう治ることはないんだよ」

「お母さんはもうすぐ死んじゃうよ」

「がんのステージは……」

なんていうことは、伝える必要はありません。

お話しする内容は、お子さんの年齢レベルで判断できることだけでよいのです。

ああしてほしい、こうしてほしいというような願望も伝える必要はありません。

医師による余命などは、いわずもがな。まったく伝える必要はありません。

お子さんには自分の身体の現状を簡潔に説明して、大まかに理解してもらうことが大切で、

それができれば、あとは子どもなりの理解に任せてしまえばよいのです。

病気であることを隠してしまうと、のちに子どもが困惑します。

「僕が悪い子だから、お母さんががんになってしまった！」

「どうして話してくれなかったの！　私のことが好きじゃなかったの？」

などと悪く受けとられてしまっては、大切な生活環境がギクシャクしてしまいます。

しかし、大まかでも話しておけば、おたがいにコミュニケーションはとれているという安心感が生まれますし、子どもなりに支えになろうという気持ちが自然と芽生えるものです。

「いまお母さんは病気だから、ディズニーランドには行けないのよ」

と、できないことを理解してもらえるようになりますし、子どもは子どもなりに、

「買いものを代わりに行ってあげるよー」

「お弁当は一週間に二回ぐらいでいいよ。購買部のパンもおいしいからさ」

というふうに、子どもの心の中になるべく手伝おう、負担にならないようにしようというマインドが生まれてきます。

そこには、やはり愛というものが作用します。

お子さんがまだ幼い場合は、手紙や音声、映像などにしてメッセージを残すこともよいと思

います。ただし、シリアスなものや親としての願望などを語ることは、子どもの未来をコントロールしてしまう可能性があるので避けたほうがよいでしょう。

あまり具体的な内容ではない、明るくて軽さのあるものがベストです。

大切なことは、**あなたの温もりと愛を伝え、お子さんがいつでもあなたがそばにいることを感じられる手がかりになるもの**であることです。

「寂しいときには目をつぶってみてね。必ずお母さんはあなたのそばにいるからね」

そんなことだけをメッセージにして、あとは他愛のない内容のテキストやボイス、ムービーで十分です。あなたの愛は必ず伝わって、お子さんの生きる力となるでしょう。

「LGBT」の人たちが教えてくれること

現代は、多様性こそが美徳となるべき時代です。

他の人の不利益にならない限り、個々人それぞれの感性は認められなければいけません。

しかし、日本にはまだまだ古い慣習に縛られた保守的な視点が残されていて、そのために生きづらさを感じている人たちもいます。

たとえば、性的マイノリティといわれるLGBTのみなさんです。

LGBTとは、レズビアン＝女性同性愛者（Lesbian）、ゲイ＝男性同性愛者（Gay）、バイセクシュアル＝両性愛者（Bisexual）、トランスジェンダー＝体と心の性が一致しない者（Transgender）の頭文字をとった表現で、いま性の多様性を肯定的にとらえようとする運動が世界的に高まっています。

私が住んでいるニューヨークは、日本に比べて性については大変寛容な社会で、LGBTのみなさんも生きいきと暮らせる街です。

LGBTのコミュニティとなっている店もたくさんあり、そこにはLGBTの人だけでなく、性的マジョリティ（多数派）の人もふつうに遊びに来て、みんなで楽しんでいます。

ゲイの男性には、非常に繊細な感性を持っている人が多いので、お店のサービスもきめ細かく、人を楽しませるエンターテインメント性にも富んでいて、ゲイではない客にもフレンドリーに接してくれます。

しかし、そこには矛盾もあって、よくゲイの店に遊びに行くというLGBTではない友人に、「君の息子さんが、ボーイフレンドを連れてきてもOKかい？」

と尋ねてみると急に考え込んで、

「う～ん……店は楽しいけど、息子がそうなるのは困るかな……」

となる人も少なくありません。

性の多様性については理解があって寛容なつもりが、自分の家族のことになると保守的になるというのは、ニューヨークでも案外ふつうの反応かもしれません。

そんな空気感にＬＧＢＴのみなさんは息苦しさを感じ、生きにくくなってしまうのではないでしょうか。

この世を「天国」にする考え方

性の問題に限らず、いろいろな面で生きづらさを感じている人には、

「**自分にしかない、オリジナルの考え方を大切に**」

とお伝えしたいと思います。

私が五度の臨死体験で、実際に目にした死後の世界の人々には、喜怒哀楽がありませんでし

た。つまり、隣の人が何を考えていても、すべてを許容します。

それはつまり、他者に無関心ということと同じ状態です。

この世は天国のようにはいきませんが、**多様性を尊重するということは、他者の感性をすべて許容するということ**ですから、天国で暮らす死者の姿勢に学ぶところはあるはずです。

「私は白が好きだけど、あなたはピンクが好きなのね」

というだけのことです。

もちろん、自分にはない他人の感性に興味を持つことは、大変よいことです。

それができれば、この世は天国よりも、いい世界になりうるのかもしれません。

「僕は革靴が大好き。でも、あなたはどうしてスニーカーが好きなの？」

と興味を持って尋ねてみると、相手の人からは、

「スニーカーは、とても軽いんだ。これを履くと毎日歩くのが楽しくなるんだよ」

という、自分では思ってもいなかった新しい情報が飛び込んできます。

「そうなんだ！　僕はカッコいいから革靴が好きだったんだけど、今度はスニーカーを履いて、街を歩いてみるよ！」

「じゃあ、今度の日曜日一緒にウォーキングしようよ」

おたがいの感性を認め合い、多様性を尊重すると、そこに暮らす人の世界はどんどん広がっ

ていき、この世の中はもっと楽しく、住みやすくなるはずなのです。大切なことは、

「一人ひとりがスペシャルな存在なんだ！」

と知ることなのです。

性についても同じことで、一〇人いれば一〇とおりの性のあり方、考え方があって当たり前なのです。しかし、

「男は男らしくすべきだ！」

「女性の身体をしているくせに……」

などと、自分の貧しい感性と愚かさだけで判断し、他人の生き方を勝手にジャッジしたがる人は残念ながら少なくありません。

人間はみな同じでなければならないなんて、軍隊教育のようで古臭いものです。

そんなつまらない考えは捨てて、**その人にしかない魅力に目を向けること、そして「私にはこの道がある」と思えるような自信を持てるものを見つけること**が大切です。

そのうえで、ありのままの自分や相手を好きになれるような環境づくり、コミュニティづくりをする必要があります。そんな世界を実現できれば、ただただ平穏なだけともいえる天国より刺激的で自由、そして平和で生きやすい世界に、この世を変えられると思います。

人種が同じとか、学歴がどうのとかで人を評価する世界は、小さな村です。周囲と比較する目でしか、自分の姿が見えない社会は、生きづらい村です。

もっと人それぞれの個性が輝くこと……絵を描いたり、彫刻を彫ったりする芸術だとか、テニスや水泳などありとあらゆるスポーツだとか、とびきりおいしい煮物がつくれるとか、自分のスペシャルを磨く生き方ができる世界を構築できれば、性に対する多様性も当たり前のことになるでしょう。

個性を磨けばどんな人でも輝きます

私は日本語も下手だし、トークの意味がわからないとよくいわれますが、ニューヨークでも、日本でも、まわりのみなさんにはとても大切にしてもらえていると思います。

なぜみなさんが私を大事に扱ってくれるのかといえば、私が生まれ持った「量子波」という波動を使いこなすことができるという特技、**私だけのスペシャルを磨いて、人の役に立てているから**だと思います。

また、私が西洋医学の医師ではなく、人間の本質を見つめることで、患者さんの自然治癒力を活性化するお手伝いをしていること。自然の一部である私たちに合った食生活改善や、鍼《はり》、漢方薬などの東洋医学を用いることで、みなさんの健康への手助けができているからでしょう。

これらの能力は私だけの特技で、自然療法師として、ヒーラーとして大事な個性です。やはり四〇〇年以上にわたる老舗《しにせ》、春日本草閣に生まれたことで、日々の学びと実践が行なえる環境にあったからこそでしょう。

全人生を懸けて、その個性を磨いて、人の役に立てるよう活動し続けているからこそ、「小林健」というひとりのおじさんにも輝きが出るのです。

すべての人が、私と同じように個性を愛し、スペシャルを磨く人生を送ることができれば、女性が好きか、男性が好きか、両方好きかなどという問題は、大したテーマではなくなって当たり前なのです。

「安心」がホルモンや自律神経を整える

この本の冒頭で、大切なのは他者に注ぐ愛ではなく、自分自身に注ぐ愛であり、自分を愛することができれば、すべての苦悩は解決されると書きました。

自分自身を愛せるか……という問題は、性の多様性にも深く根を伸ばしています。

ニューヨークにある私の診療所には、精神的な部分だけでなく、肉体上のことで性の問題に向き合っている患者さんも多くいらっしゃいます。

両乳房のほかにもうひとつ副乳がある、三つの乳房を持った女性や、男性器を持った女性など、症状はさまざまです。しかし、共通していえるのは、**患者さん自身はそれほど気にしていないのに、周囲の人が騒ぐことで苦しくなってしまう**ということです。

私は、そんなみなさんには軽いスタンスで向き合うことにしています。

胸が三つあり、悩んでいる女性であれば、漢方薬の服用をおすすめして、

「OK！　きっとホルモンバランスが少し崩れているだけだから、これを飲めば大丈夫！」

実際、漢方薬を飲み続けていただき、しばらく通院してもらうと真ん中にある副乳が徐々に

小さくなっていき、最後は豆粒くらいの誰も気にならないサイズになりました。

治療法は、男性器を持っている女性も同じで、漢方薬を飲んでもらうだけです。

「大丈夫ですよ！」

と安心してもらうための声がけをして、漢方薬によってホルモンのバランスを整えていくと男性器はどんどん小さくなっていきます。


人間にとって「安心する」ということは、きわめて重要です。

不安を抱えたままでいると、ストレスによるダメージを受けたり、ホルモンや自律神経などのバランスが崩れたりして、身体に変調を起こしてしまいます。

彼女たちの場合は、周囲の人からの騒音や好奇な目によって、バランスを崩していた状態をさらに悪化させてしまったといえるでしょう。

もっと個性を認め合い、多様性を尊重する社会ができれば、心だけでなく、身体の問題を抱える人も少なくなっていくと思います。

いざとなったらいつでも逃げなさい

ただし、自分の個性や存在を認めようとしない社会だからといって、たったひとりで戦う必要はありません。

周囲の人が多様性を認めない、偏見に満ちた人たちであったら、**その場を一時的にでも逃げ出して、理解してくれる人に囲まれた、安心できる環境に避難する**ことをおすすめします。

たとえば、男性の肉体で生まれてきたのに、心の部分は女性で、「女性らしくありたい、女性の恰好《かっこう》をしたい」と願う人はたくさんいらっしゃいます。

この方々のことは、いま性同一性障害という病名がつけられていますが、その理解は社会に広がりつつも、まだ十分とはいえません。

人と人との関係性が比較的、希薄な都市部では受け入れられやすいかもしれませんが、都会よりも関係性が深い地方では、否定されてしまうことも多いかもしれません。

その場所が、その方の生まれ故郷であったりすると、生まれてから青年、大人になるまで男の子として成長していく過程を多くの人が見ているので、余計に難しい状況になって追い込まれてしまうかもしれません。

そんなときも、やはり無理に戦う必要はありません。

人間にとって、とにかく大事なことは自分を愛し、生きいきと人生を送ることです。

つらいと思ったら、すぐにステップバック、二歩も三歩も下がって、苦境から逃れることを考えましょう。もちろん、勇気を持ってカミングアウトすることを否定するものではありませんが、それによって生きにくくなってしまうぐらいなら、無理にする必要はありません。

大切なのは、自分らしく生きて輝けるかどうかなのです。

そもそも人間とは、どんな人でも半分は男性であり、もう半分は女性です。

人類は全員、生まれつき両方の性を持っているのですから、性が多様化して当たり前です。

「身体は女性なのに、心が男性なのは異常なことなのか……」

とひとりの人を悩ませてしまうのは、その人を見ている周囲の人たちの発想が、この性の真実と異なるからです。

おかしな環境に暮らせば、心根《こころね》が細やかな人、繊細な人ほど生きにくくなるのは火を見るより明らかなことですから、やはりステップバックして避難したほうがよいでしょう。

私はこうして「いじめ」から脱出した

これはもちろん、性の問題だけではありません。私も幼少期につらい目にあいました。私には、日本人の血とロシア人の血が両方入っているので、子どものころはガタイが大きく、髪は赤毛で、目の色もほかの日本人とは異なりました。

新潟県の保守的な田舎町ということもあり、そのせいで激しいいじめにあっていたのです。そこで私は考えました。いじめっ子たちは、学校が終わるといつも遊びに誘ってくるのですが、ある日から、

「時間があったら遊ぼう！　じゃあね！」

といって家に戻り、彼らとは決して遊ばないようにしたのです。

遊びに行ってもいじめられるだけで楽しくないですし、家の診療所の手伝いをしているほうがずっとためにもなります。

「あの子たちと遊ぶ時間は、僕の人生にはない」

と気がついてからは、遊びに行くことはもちろん、電話一本することはありませんでした。

つまり、ステップバックして考え、つらい状況から逃げ出したのです。

いま考えてもそれは大正解で、しがらみに巻かれて彼らにつき合っていたら、いまの私はありません。いまごろ、どんなつらい人生を歩んでいるかわかりません。

社会問題となっているいじめと、自殺する子どもたちの問題も、**ステップバックする習慣とつらい状況からは逃げるという発想を教えて、それをバックアップする環境を私たち大人がつくり出す**ことができれば、もっとたくさんの子どもたちを救うことができるのではないでしょうか。

ただし、つらい境遇から逃げ出すときにも、守るべき大切なルールがひとつだけあります。

それは、決してウソをつかないことです。

たとえば、週末にピクニックに誘われて行きたくないときに、

「土曜日は仕事なんだよ。また誘ってね！」

と仕事もないのに、ウソをつく人がいます。

なぜか日本人には「仕事＝善、遊び＝悪」と考えている人が多いので、仕事を理由にすれば許されると安易に思っている傾向があります。

しかし、ウソをつく人間からは悪い波動が出るので、結果的にその人の人生に悪影響を与えてしまうことになります。

幼い私もウソはついていませんでした。

「時間があったら遊ぼう！」とはいいましたが、私の人生には彼らと遊ぶひまはないと思っていたので、それをそのまま少し言葉を変えて伝えたまでです。

ウソも方便とはいいますが、自分のためにつくウソに方便はありません。

子どもからのSOSをキャッチするために

少数派であることによって、追い込まれてしまう子どもについては、**もっとその親御さんにも意識を変えて向き合ってほしいと思う面もあります**。

なぜなら、自分を愛することができず、自分自身を責め続けて心が壊れてしまい、最悪のケースとしては自殺してしまうようなつらい状況から救ってあげられる可能性がもっとも高いのは、やはり親だからです。

「親がなくとも子は育つ」と昔からいわれるほど、子どもの生命力は強いものですが、その生命力ゆえに死にたいといいながら、その半面では死にたくないというSOSを放つパワーもまた強大です。

長く生きてきて、死への準備、その助走に入っている高齢者にはこのパワーはありません。子どもが自分の命の危険を親に知らせるのは、会話や文章など言葉だけではありません。いつもの生活の中の動作や、表情の変化でも発信されています。

SOSを放つパワーはとても強いので、親でなくとも周囲の大人がキャッチすることもありますが、やはり愛するわが子を前にした親の感度には遠く及びません。

では、我が子を愛する親であれば絶対わかるはずのSOSを、なぜ見過ごしてしまうのか。そこにあるのは、①**事実を見たくない**、②**確かめたくない**、③**認めたくない**、という「3ない」が邪魔をしてしまうのだと思います。

言葉によるコミュニケーションだけでなく、スキンシップや、伝わってくる温度感（近い距離で肌に伝わってくるもの）、子どもが出している波動の良し悪し、こうした情報を敏感に感じとり、どこかおかしいと思ったときには、親としての自分の感性を信じて、一歩踏み込む勇気を持っていただきたいものです。

また、子どもが自分の気持ちをストレートに伝えることができなくなる点にも、親の責任はあります。

親が子どもをコントロールしようとすることで、子ども自身が感じたとおり、思ったとおりに行動できない性格になってしまうのです。

子どもの感性の邪魔をせず、素直に認めて伸ばしてあげることができていれば、いじめの問題でいえば、

「僕、あのクラスで勉強するのはもう嫌だ！」

と意思表明ができるように育つでしょう。

最大の味方であるはずの親に話せないという状況をつくってしまうと、子どもはどんどん孤独感を強めてしまいます。

子どもをコントロールしようとしてはいけない

そうならないためにも、**子どもを自分の思うようにコントロールするのはやめる**べきです。

大人しい息子さんに男らしさを強要して、剣道や柔道など勇ましいスポーツを習わせたりしな

いこと。

「本当はお人形で遊びたい……」

というのであれば、そのとおりにしてあげればよいのです。

子どもの命は独立したものととらえ、親であっても変な干渉はせず、その存在と感性をそのまま尊敬して、環境づくりをサポートしてあげてください。

そうすれば、子どもは自分の力で学び、感じ、表現するようになりますし、本当の気持ちを偽りなく話すことができる人間に育ちます。

親が考える理想と、子どもの本当の気持ちは、たいてい相容れないものです。

子どもが心を閉ざしてしまう前に、自分が親心と思っているものが、実は「子どもを自分のわかる範囲に置きたい」というエゴであることに気づきましょう。

そして言葉だけでなく、身体と心のすべてを使ってコミュニケーションをとり、**自分の経験で判断するのではなく、無限の可能性がある未来に照らし合わせて判断する**ことです。

大きな心で子どもを見ることができれば、よい波動が出て、それが子どもに伝わります。

そうすると子どもは、何か問題にぶつかっても安心して、

「お母さんには話してみようかな……」

という気持ちになっていくものです。

子どもが本当の気持ちを親に話すことができれば、自殺という最悪の結果をくい止めることができると私は信じています。

なぜ私は不安をまったく感じないのか?

みなさんは、「不安」というものの正体について考えてみたことがありますか?

「人間は誰しも不安を抱えている」

といえば、そうだと思うかもしれませんが、まったく不安を感じない人もこの世界には存在しているようです。

少なくとも私はそのひとりを知っていて、それは私自身です。

私は、まったく不安を感じない人間です。

なぜ不安を感じないのかというと、**いまこの瞬間のことだけを考えて生きているから**です。

そして、不安の正体を知っているからです。不安の正体とは、いまこの瞬間を考えずに漠然とした未来の姿を想像することにほかなりません。

未来のことは誰にもわかりません。

誰にもわからないものに、ただ怯《おび》えるのは愚かなことであり、ムダなことです。

不安を感じず……いい換えれば、いま抱えている不安を解消するためには、自分にとって楽しい未来を想像し、その実現のために、いまこの一瞬を生きることです。

この場合、過去の経験はまったく意味をなしません。過去と経験はきれいに忘れて、楽しい未来を思い描きながら、目前にあるものに集中してとり組みましょう。

どうせ誰でも死んでしまえば、この世の一切とおさらばです。

そしてチャレンジに成功しても失敗しても、みんな同じ天国に行って、そこには平穏で平和な美しい時間が待っています。

豊かさを引き寄せる「五〇円貯金」のすすめ

不安なく生きるために、実際にするべきことは至ってシンプル。

たとえば、お金について将来的に不安がある人は、いまお金を使わないことです。

お金がないのに、お金を使うことは、お金を尊敬していないからこそできる芸当です。

お金を尊敬していない人のことを、お金は尊敬してくれません。

お金への尊敬の念を復活させる、よい方法があります。

これは、私がニューヨークでも日本でもおすすめしていることで、「五〇円貯金のすすめ」といいます。もちろん五〇〇円でもいいのですが、いまの生活の水準や習慣を変えることなく、貯金したことすら忘れてしまうぐらいの金額がちょうどよいのです。

ただし、一円では毎日貯めても一年間で三六五円ですから、安すぎるのも意味が薄れてしまいます。だから「五〇円」なのです。

五〇円貯金のやり方は、とても簡単です。

貯金箱や巾着袋《きんちゃくぶくろ》などの手軽な入れものを用意して、コンビニエンスストアのおつりに五〇円玉が混じっていたとき、お財布の一〇円玉が五枚以上になったときなど思い思いのシチュエーションで、一回五〇円ずつ入れものに入れます。

すると、「今月は三五〇円入ってた！」とか、「いつの間にか一万円になってる！」とか、小さな楽しみやよろこびを覚えるようになります。

つまらないことのようですが、しだいに脳裏に、お金についてある気づきが生まれてくるのです。

この世界を形成している自然という偉大なパワーは、コツコツと小さなことを積み重ねて努力をしている人にチャンスを与えてくれる、という気づきです。

五〇円ずつ小さなお金を貯めていると、ひょんなことで大金が舞い込んでくるかもしれませんし、仕事が急に調子よくなって予想以上のお金が入ってくるかもしれません。

なぜそんなことが起こるのかといえば、お金に感謝するとか、ムダ遣いをしないとか、毎日小さな習慣を続けていると、その人の心の持ちようが美しくなり、そこから醸《かも》し出されるものが環境を動かして、より大きなお金を引き寄せてくれるからです。

ひと言でいえば、よい波動が出て人生が好転するということでしょう。

話のテーマを不安に戻せば、この五〇円貯金は金額は小さくても、「いまを大切に生きる」行為にほかなりませんので、その継続によって確実にいい未来がコツコツつくられているのだということができます。

楽しい未来を思い描いて、いまの一瞬を懸命に生きることで、ぜひよい波動を放つ人へと成長しようではありませんか。いまを生きれば、不安など消えてなくなります。

「いい瞬間」が次の「いい瞬間」を生み出す

「いい瞬間」が次の「いい瞬間」を生み出すことで、あなたの未来はどんどん明るく、楽しいものへ育っていくことでしょう。

たとえば、あなたの奥さんがおいしい餃子《ぎょうざ》をつくってくれたとします。

そのおいしさに感動したあなたは、週末に自分でつくってみようと思って、奥さんにレシピを教えてもらいます。

そして、次の土曜日につくって味見をしてみたら、本当においしくできてうれしくなり、お隣のご夫婦を誘って餃子パーティーをしようということになりました。

お隣のご夫婦は、おいしい餃子に合うカリフォルニアの白ワインを持参してくれたので、ワイン好きな奥さんは、

「私の餃子レシピがおいしいワインに変わったわ！」

と大よろこびで、パーティーはどんどん盛り上がります。四人の話は弾んでいきましたが、やがて隣の旦那さんがふと思い出したように、

「そういえば、あそこの幼稚園の前にずいぶん落ち葉がたまっているね……」

といい、その話が近所によくゴミが落ちているという話に発展していきます。

すると、隣の奥さんがこんな提案をしました。

「今日、こんなにおいしい餃子を食べて、たくさんワインも飲んで、カロリーを摂りすぎちゃった……。ねえ、明日四人でダイエットを兼ねて、落ち葉集めとごみ拾いをしない？」

「グッド・アイデア！」

翌朝、四人はエクササイズを兼ねて、幼稚園の前の落ち葉と道路に落ちているゴミを残さず集め、街はとてもきれいになりました。街がきれいになったおかげで、幼稚園児たちの気持ちが明るくなり、街の人たちも四人の善行に感謝して、ゴミ拾い美化運動が町中に拡散……というのはたとえ話ですが、いいことは次のいいことを生んで派生していくものなのです。

このたとえ話でいえば、最初のいいことは「旦那さんのためにおいしい餃子をつくろう！」という、奥さんのささやかな思いでした。つまり、旦那さんへの愛であり、その愛を生み出す自分への愛です。

そこから次々といいことが生み出されていきますが、実はこのような現象には、人が放つ波動が大きく関係しています。いい波動は、ものすごいスピードで世界中を駆け回り、次々とよい影響を生み出すパワーを持っています。

つまり、**自分を愛し、家族を愛し、友人を愛し、その愛を実行することこそ、世界をよくす**

る原動力となります。自分を大切にできる人は、人のことも大切にできるということです。
五〇円貯金は、そのマインドを育てるためにまく種のようなものといえるでしょう。

「いま」を大事にしないと負の連鎖が待っている

しかし、「楽しい未来を思い描く」ことを「将来の不安のために準備をする」ことと誤解してはいけません。

たとえば、老後に介護してもらうために結婚するとか、会社の経営がよくないので助けてくれそうな人脈を築くなどは後者にあたり、このような発想は悪い波動を生み出す、誤った欲の持ちようといえます。

よい波動がよい結果を生み出すように、悪い波動は悪い結果を引き寄せます。

たとえば、独身のままでは老後に介護してくれる人がいないとか、老後の資金が不安だなどの理由で、裕福な会社経営者の男性を見つけ出して、うまく結婚へと運べたとします。

しかし、目的どおりの人を探し出し、無事に結婚できたのに、悪い波動が悪影響を生み出したのか、なんと相手の男性が脳梗塞《のうこうそく》で倒れてしまいます。

命は運よくとり止めたものの、マヒなどの重い障害が残ってしまい、もくろみとは逆に自分が介護役になってしまいます。

ここで、そもそもの自分のマインドが悪かったことに気づき、心を入れ替えて旦那さんを助けていくことができれば、いい波動が出はじめ、運命は徐々に好転していくのです。ところが結局、不満を抱えたまま、渋々と日々の介護をしているうちに、我慢できずに、

「介護してもらおうと思って結婚したのに、なんで私が介護しているのよ！」

後遺症で会社の経営もできなくなり、収入も途絶えて……などと、この先も「悪い瞬間」が次の「悪い瞬間」を生み続けて、未来はどんどん暗くなってしまうかもしれません。

そもそも誰にも見通せない未来への漠然とした不安のために、いまというときを大事にできなければ、このような負のスパイラルにおちいりがちです。

いまこの瞬間、自分を真剣に愛しながら、小さなことでも自分の得意なこと、楽しいことを大切にして努力し続ける。さらにそれを人々にシェアしていくことが大事です。

いまこの瞬間の積み重ねが、あなたの将来や未来になるのです。

明るい未来につながるいまを積み重ね、築いていくことによってこそ、思いもよらない何十倍、何百倍も楽しい未来が待っていてくれるのです。

そう思って生きることこそが、ポジティブの正体でもあります。

怒りの原因は自分の中にある

未来への不安を抱くことは人生を危うくさせる元凶となりますが、怒りに支配されてしまうこともまた、悪い結果を生み出す元凶となります。

というのも、相手を許すことができない怒りやいらだちの原因は、実は相手にあるのではなく、あくまで自分にあるからです。

つまり、相手の言動を自分の過去の経験に照らし合わせて、比較し、狭量《きょうりょう》な心で判断しているからこそ、怒りやいらだちが生まれるのです。

簡単にいえば、**自分のものさしでしか相手を測れないから、許せないという感情が生まれる**のです。

怒りやいらだちは、不毛な感情です。何も生み出すことがありません。

同じ意味合いから、私は死刑には反対です。

ある人が誰かを殺したとき、殺された被害者の両親、兄弟、子ども、親類、恋人、友だちは悲しみにくれたあと、たいてい犯人に対する怒りが湧き起こります。

その怒りとは、「犯人を殺してやりたい！」というものでしょう。それは、仕方のないことかもしれません。

この遺族の感情に応えるため、また「殺人という罪を犯したらこうなるぞ！」という見せしめとするため、社会がつくったシステムが死刑です。

しかし、人道的な視点で考え直すと、死刑とはきわめて難しい問題をはらんでいるように思います。怒りをそのまま犯人にぶつけて、命を奪い去っても、おそらく遺族の心は癒されることはありませんし、怒りが消えることもないでしょう。

懲役刑や禁固刑のほうが、まだ生み出すものがあると私は思います。

「あの世」では「この世」の常識は通用しない

「地獄に堕《お》ちろ！」

と思ったところで、私が五度の臨死体験で見た死後の世界に地獄はありませんでした。

地獄とは死刑と同じで、人間が教育ツールとしてつくり上げた概念にすぎません。

前作『5度の臨死体験でわかったあの世の秘密』でも、死後の世界には天国しかなく、地獄はありません、この世でいいことをした人も、悪いことをした人も、ともに同じ天国に向かい、穏やかな世界の住人になる、ということを書きました。

この部分の記述は、とても反響が大きく、その中には「殺人犯も天国に行けるのであれば、この世が乱れるから危険な発言だ」という人もいました。

こうおっしゃる人がいるということは、やはり地獄という概念は犯罪の抑止力として、一定の効果はあるのでしょう。

しかし、私がここで伝えたかったのは、**あの世はこの世の森羅万象をすべて超越したもので、人間の理論などは通用しない世界**なのだということです。

天国に住む人には、喜怒哀楽がありません。

怒りやいらだちがないので、人がたくさんいてもケンカや戦争は絶対に起こりません。

そんな完璧な平和の世界をつくり上げることは、私たち人間の理論などでは絶対にできないでしょう。

いい換えれば、宇宙の仕組みと人間社会の仕組みは異なっており、人間社会の仕組みは人が考えているので変えることができるが、絶対的な宇宙のしくみは変えられないということになると思います。

私は天国の在《あ》り方に学びたいし、死後の世界で見てきたことをみなさんに伝えることで、少しでもお役に立てればという思いで前作とこの本を書いています。

ここでいえるのは、**怒りといらだちをコントロールできれば、ケンカで傷つくこともないし、戦争で命と財産を失うこともない**ということです。

天国の在り方から学ぶ最大の教訓は、この一事ではないでしょうか。

たった一秒で怒りを消去する方法

どのようにすれば、怒りやいらだちを抑え、止めることができるでしょうか。

必要なのは、瞬間的な「解毒」です。

「許せない！」という感情は、愛おしいとか楽しいといった穏やかに継続する感情と異なり、特別な回路によって一瞬で起こるものです。

たとえば、学校の先生が生徒を殴ってしまったとします。体罰です。

子どもたちの指導者となる学校の先生は、ほかの業種の人に比べて、

「暴力はいけない！」

という教えをより深く受けているはずですから、本当は殴ってはいけないと理解しているはずです。それでも体罰を行なってしまう先生があとを絶ちません。

つまり、何かをきっかけに、暴力は絶対にしないというマインドから脱線してしまうことがあるということです。

そのきっかけとなるものは、きっと生徒のたわいない反抗的な言動だと思いますが、それ自体に罪はありません。

しかし、その生徒の言動を、先生が自分の過去の経験をベースとした狭量な判断材料と照らし合わせてしまい、理解と寛容を忘れることで、特別な思考回路を通じて瞬間的に怒りの感情が生まれてしまうのです。

その瞬間、考えることを忘れて、思わず感情的な行動をとってしまう……それが暴力の正体です。

怒りという感情は生み出さないようにするのがベストですが、もし怒りが生まれてしまったら、**怒りを覚えた瞬間にすばやく「解毒」する癖をつける**と「思わず手が出てしまった……」ということにならずにすみます。

男性の半分は女性ですし、女性の半分は男性です。

怒りはメインとなる性の思考回路から生まれているので、瞬間的にもうひとつの性の自分に切り替え、怒りを生み出す回路を断って相手とコミュニケーションをとれば、いらだちをデトックスすることができます。

そのための訓練を兼ねて、相手が女性であれば自分の女性部分を使い、相手が男性であれば男性の部分を使ってコミュニケーションをとる習慣をつけるとよいでしょう。

実は、コミュニケーションが上手な人は、この習慣が無意識に自然とできているのです。

「相手の気持ちになって考えましょう」といいますが、それは私がいっていることと同義です。決して特殊なテクニックではなく、ふつうに人間に備わった能力なのです。

これが私なりの「怒りの解毒法」です。ぜひ試してみてください。

イラッとしたら一歩下がって眺めよう

最近はキレやすい人がたくさんいて、他愛のないトラブルがきっかけで人をナイフで刺してしまうようなニュースをよく見聞きします。

一方で、絶対キレないであろう人もいます。

たとえば、厳しい修行を行なっている僧侶です。実際、いままで厳しい修行を重ねた僧侶がキレたという話は聞いたことがありません。そんなことはしないはずだと私は確信します。

なぜ私が修行を重ねた僧侶はキレないと断言するのか、お話しします。

本来、感情と行動は切り離して考えるべきもので、感情のままに行動してしまうことは問題があります。それを防ぐためには性の切り替え、マインドの切り替えが有効であることはすでに述べました。

そして、感情そのものを抑えるためには、つねにステップバック、ことあるごとに二歩も三歩も下がって距離をとって眺め、考える訓練が効果的です。

このステップバックとは、実は自問自答することと同じことです。僧侶の修行は、つねに自問自答の連続ですので、高僧はステップバックの達人ということになるでしょう。

思考回路にステップバックの習慣が備われば、自虐的、加虐的なマインドにおちいることも防げます。リアクティブせず、つねにプロアクティブする人間になることができます。

どんな相手が現れ、何をいわれてもへっちゃらで、

「そう考える人もいるんだな」

「面白い人だな」

などと余裕をもって聞くことができますので、相手をいらだたせることもなくなり、コミュニケーションが深まります。

おたがいによい波動が生まれるようになって、よい友人になれるかもしれません。

とにかく大切なことは、**壁にぶつかったらその壁を壊そうとするのではなく、下がって距離をとって眺める**ことです。

すると、壁の低くなっているところが見えたり、穴があるのが見えたりします。

怒りやイライラを解消する四つのワザ

怒りやいらだちを抑える方法として、ステップバックのほかにも、いくつかいい方法があります。

ひとつ目は、玉ねぎの活用です。

玉ねぎには、人の中枢神経を落ち着かせる成分がふくまれています。

大きい玉ねぎを半分に切り、半分は刻んで軽く水にさらしてからサラダにしたり、ソテーにしたりして食べます。**残りの半分はすりおろして皿に入れ、枕元に置いて寝る**と、その効果を実感することができます。

ふたつ目は、運動です。

とにかく身体を動かして、汗をかきましょう。汗をかいてからシャワーを浴びて寝ると、ぐっすりといい睡眠がとれます。自律神経のリズムも落ち着くので、心穏やかになれるでしょう。

三つ目は、シャウトすること。大きな声を出すことです。怒りっぽい自分、短気な自分を責めるのではなく、発散することで、その個性を愛することができるようになります。つまり、怒りっぽい自分と上手につき合うということです。

私の診療所は山の近くなので、患者さんには、岩と岩の間、洞穴《ほらあな》のようなところを見つけてシャウトするといいよとすすめます。ひとりカラオケなども効果があります。

運動で汗をかいたり、大きな声を思う存分出すということは、デトックスと同じで解毒効果があります。怒りの感情とは、つまりは気持ちの毒なのです。

最後の方法は、環境を変えることです。

短期的には散歩や旅行、長期的には引っ越しや移住、転職などが効果的です。

環境を変えると、マインドのベースとなる判断材料が多くなります。

心と頭の中が広くなれば、行きづまっていたことも、

「なんだ、そんなことか！」

と案外簡単に解決します。これもステップバックの一種です。

怒りやいらだちを生み出す原因は、相手にあるのではなく、あなた自身の中にあることを忘れないでください。

くよくよしない自分になる方法

ネガティブな人の特徴のひとつに、すぐに後ろ向きのマインドになって後悔し、くよくよと悩んでしまうという性質があります。

私はまったく後悔をしない人間ですし、もちろんくよくよしてしまうこともありません。

やりたいことはすぐにやり、やりたくないことはすぐにやめてしまいます。

もちろん失敗はします。アクティブではあるけれど、おっちょこちょいでもあるドクター・ケンは、すぐに失敗して毎日スタッフに笑われています。

行動に失敗はつきものですし、失敗は成功を生む栄養となるものです。失敗したからといって、悔やむ必要などまったくありません。

それに私は、すべての人間は不完全な存在で、決してパーフェクトではないという真実を知っているので、失敗をくり返す自分を責めることなどありえません。

「また、やっちゃった！　イッツＯＫ！」

と笑って、すぐに忘れてしまいます。

みなさんも、どんどん失敗してください。

失敗したら、濡《ぬ》れたワンちゃんが水をブルブルッと弾き飛ばすように、負の感情を吹き飛ばしてしまいましょう。

人間は完璧ではないので、失敗しても当たり前。気にする必要まったくなし！

失敗したことを後悔したり、その後悔の念を引きずったりするという人には、自分がやったことについて「失敗と思いたくない」というマインドが働いているのだと思います。

つまり、自分はパーフェクトな人間だと思い込んでいるのです。

楽しく生きていくためには、どんどん失敗して、その失敗を笑ってエンジョイすることです。

「まーた、やっちゃったー。ガハハハッ」

それをくり返していけばいいのです。

失敗とは、いままでのレベルや経験値から飛び出して、思い切りチャレンジしたときに起きるものですから、自分が成長過程にいることの何よりの証《あか》しです。

思い切りやって失敗すると気持ちがいいし、その姿は美しいものです。

ヘルメットを吹っ飛ばす有名な写真がありますが、元ジャイアンツの長嶋茂雄《ながしましげお》さんの三振はかっこいいじゃないですか。みなさんも人生で思い切り三振してください。

「いい失敗」をくり返すことが自分を育む

近年、私はミラクル・ヒーラーだとか、マスター・ヒーラーと人から呼ばれることになったので、いろいろな人から頼られることが増えてきました。

ときには、無理難題と思われるような相談まで持ち込まれることがあります。

人の注目が集まることで期待が高まり、それに応える側の難しさは正直、感じています。

しかし、たとえどんな相談でも、その人自身の力で解決することができるのです。私はヒントを教えて、患者さんが持つパワーが働くように少し手伝いをさせてもらうだけです。

「ドクター・ケン、私の病気を治せますか？」

「**私は治さないよ。治すのは、あなた自身だよ**」

診察時に、私はよくこんなやりとりをします。

人間の身体には、自律神経とか免疫、ホルモンなどが働いていて、病気になっても自分自身の力で治るようにできています。自然治癒力と呼ばれるパワーです。

たとえば血液は、腎臓でクリーニングしないとすぐにネバネバしてしまいます。ウイルスや細菌が悪さをしようとすれば、身体を守るために、白血球で退治します。

病気の九七％は、患者さん自身の自然治癒力で治すことができます。ところが医師が、自分のビジネスを成功させるために、自然のバランスを無理やりねじ曲げてしまったり、薬という名のもっと悪い毒を盛ったり、そんなことが残念ながら、西洋医学の現場では日常茶飯事です。

間違った生活習慣や医療によってねじ曲げられてしまったものを、患者さん自身がまっすぐにできるよう働きかけるだけで、ほとんどの病気は治ってしまいます。

私の仕事は、栄養面の指導や漢方薬の処方、鍼治療、生活習慣の改善へのアドバイスなどを行ない、患者さんの身体に自然なバランスを思い出してもらう手助けをするだけです。

そもそも病気とは、**人間の身体が大きな危機を迎えていることを警告するために起こる自然現象**です。近年増加しているがんも同じで、手術や化学療法（抗がん剤）、放射線などを使って治そうとするのは、私の考えでは間違いです。多くの心ある医師も、同じ気持ちだと思われます。

身体の声に耳を傾けて、失ってしまった自然のバランスをとり戻せば、がんは自然に消えていくものなのです。

致命的な間違いは絶対しませんが、人間の身体は複雑なので、私も小さな失敗をすることはときどきあります。そんなときはいったんステップバックして、複雑にからみ合った糸をほぐすつもりで、新たな気持ちで患者さんに向き合います。すると、ほどけないと思っていたものが少しずつ、確実にほぐれてきて、自然治癒力が働きはじめます。

このくり返しですから、無理難題と思えることもいつかは解決します。

そのためには失敗を恐れず、いい失敗をどんどん積み重ねることです。

自分がパーフェクトではないことを理解し、失敗したときには双六《すごろく》のように振り出しに戻る。そのくり返しを楽しみましょう。

恋愛も同じことです。

失敗を恐れていたら、いい恋愛はできません。

しかし、ただ突っ走るだけではいけません。

恋は盲目といいますが、ハッピーな恋愛の最中でもステップバックして全体像を眺め、相手の気持ちになって考えることを忘れないでください。

たとえ別れることになっても、その失敗は次の恋愛につながるものです。

「自分の足のサイズに合った靴」こそ最高の靴

ネガティブなマインドは、嫉妬の温床となるものです。

嫉妬は他者への怒りやいらだち、後悔を生み出してしまうので、ますますネガティブへのスパイラルにおちいってしまいます。

「炎上」と呼ばれるインターネット上での個人攻撃を生み出すもととなるものは、自分を他人と比較することで生まれる嫉妬ではないでしょうか。

他人と自分を比べる必要はまったくありません。

しかし、メディアやSNS上では、みんなパーフェクトなスターをつくりたがる傾向があるようです。もちろん、完璧な人間など存在しません。一見、超人的に優れているように見える人でも、実際は私たちと大して変わらないふつうの人間です。

私の診療所には、ハリウッドスターや世界的アーティスト、メジャーリーガーなども患者さんとしてたくさん来院されますが、もちろん彼らも私たちと変わらないふつうの人間です。

私は有名人の名前も顔もあまり知らないので、診察が終わったあとにスタッフから、

「ドクター・ケン。さっきの患者さんが映画俳優の◯◯さんですよ！」

「あ、そうなの。有名な人？」

「えっ、先生は映画とかテレビ、見ないんですか？」

「見るけど知らないよ。次の患者さん、どうぞ！」

「……」

こんなふうにいわれて、あとからインターネットで調べてみるのです。

彼らが輝いて見えるのは、いい意味でいえば自分のやりたいことをやって大きな成功を収めていることによる輝きでしょうし、悪い意味でいえばメディアがつくり出した虚像です。

自分自身を愛して、やりたいことを一生懸命やり、やりたくないことをやらず、楽しい未来を思い描いて、いまこの一瞬を生きていれば、彼らを目の当たりにしてもうらやましいという気持ちは起きません。

「自分より◯◯だ」というマインドは、自分を幸福にしない人の考え方です。

自分より背が高い人、自分よりお金がある人、自分より美人……といっても、毎日見ていれば、ただの電信柱、おデブさん、人並みの女性ということになります。もちろん、痩せているお金持ちもいますけど……。

「優しくて素敵！」

という男性であっても、実際に恋人になったり、結婚したりしてから、相手が誰にでも優しくする姿を見ると、

「あんな人に優しくするなんて！」

と嫉妬心に変化してしまうこともあります。

つまり人の姿なんて、こちらの見方、視点によってがらりと変わってしまうものなのです。

また、美点こそが欠点であり、欠落している部分こそが才能であったり、個性であったり、美しさであったりすることもままあります。

他人が自分よりもいいものを持っているのではなく、ただ自分にないものを持っているだけ、という真理をしっかり理解すれば、心に嫉妬が芽生えることはありません。

嫉妬の問題も、ステップバックすることで見えやすくなります。

恋愛でいえば、理想的な相手ほど、一緒に暮らしたときにがっかりするものです。

SNSは「自分をよく見せよう」としがちなツールなので、実際に会うと同じようにたいていがっかりします。

本質的にはフェイスブックやLINEは、現代人の寂しさを補うものとして普及しました。

「いいね」にしても、本当に「いいね」と思っているのかはわかりません。

インターネットの情報など、しょせんは実際に触れたり、香ったり、実物を見たりする情報に比べれば、大したものではありません。

とにかく**自分を他人と比べないこと、そして嫉妬しそうになったらステップバックして考えることが**大切です。

靴は「自分の足のサイズに合う靴」こそが最高の靴なのです。

禁煙はこれで必ず成功する

やりたいことをやるのは幸福の基本ですが、やりたいことがやめられない「依存症」は問題になりがちです。

たとえば、喫煙の習慣です。

健康のことを思えば、たばこは身体にいいことはひとつもなく、毒でしかありません。

しかし、嗜好品《しこうひん》として日本でもアメリカでも認められているものですから、吸うかどうかは本人しだい。私もそれでよいと思います。

喫煙者が禁煙できない理由は、ニコチン中毒というよりは、**自分が本当に身体に悪いと思っていないからやめられない**ことに尽きます。

「あともう一本……」

などといっている人は、たばこが本当に身体に悪いものと実感できていないのです。

私の診療所にも、ヘビースモーカーでニコチン中毒の患者さんが来たことがあります。

しかし、私は彼にたばこをやめさせようとはしませんでした。

「たばこが大好きなんだね。これどうぞ」

と逆にたばこを差し上げました。次に来たときにも、またその次にも、私は彼にたばこをプレゼントし続けたのです。

「体調はどう?」

「いいよ。ドクター・ケン」

「そうか。ベリー・グッド! そうそう、日本の珍しいたばこがあるよ」

という感じです。その三か月後のことです。

「カナダのたばこがあるよ。はいどうぞ」

とたばこを差し出すと、彼は激怒してこういいました。

「ホワイ!? 僕はたばこをやめたいからここにきているんだよ!」

「あなたが、たばこを好きだっていうからあげているだけだよ。やめるかどうかは、あなたが決めることで、私が決めることとじゃないよ」

「もうやめた! たばこはやめた!」

たとえ「健康のためにやめたい……」と思っている人でも、たばこや酒、ギャンブルの悪い部分を本当に理解していなければ、いつまでたってもやめることはできません。

これが、依存症の正体です。逆をいえば、**たばこや酒、ギャンブルなどの悪い部分をしっかり理解すれば、依存症から抜け出すことはすぐにできます**。

真実を知り、それが身にしみればやめられます。

私も昔はこんなことで悩んでいた!

私は嫉妬しない、後悔しない、怒らない人間……と書いてきましたが、決してスーパーマンではありません。お会いできればすぐにわかりますが、おかしな日本語を話す、おしゃべりでおっちょこちょいなふつうのおじさんです。

私にも若いころには、悩みがありました。それは、

「人としゃべりたくない」

ということ。こんなことをいうと、うちのスタッフは噴き出して大笑いすると思いますが、本当にそうだったのです。


自然療法師として、毎日患者さんと接するのに、人としゃべれないのは問題です。

診察を終えた患者さんが受付で、こう問い合わせることが頻発していました。

「この漢方薬はなんですか？　このサプリメントはどういったものでしょうか？」

「先生にお聞きにならなかったんですか？」

「聞いたけど、先生がちっとも話してくれないのよ！」

私が人と上手に話せなくなったのは、子どものときにいじめられたのが原因です。

家族や親しい人以外、あまり人と知り合いたくない、関わりたくないと思い続けてきたせいで、患者さんにくわしい説明すらできなくなってしまったのです。

しかし、これでは診療所はうまくいきませんし、スタッフは困ってしまいます。

そこで、私は一枚の鏡を買いました。そして毎日鏡に向かって、

「この漢方薬はね、下剤ではありません。あなたがごはんを食べているときに、肝臓から分泌されたものが小腸にきて、それがきちんと大腸にくるような流れをつくるための薬です。その結果として、便秘が治るという薬なんですよ！」

などと新人アナウンサーのように毎日練習しました。

身振り手振りも加えて、鏡を相手に一生懸命トレーニングしたのです。

その努力のしすぎがたたって、いまはすっかりおしゃべりドクターになってしまいました。

私の場合は「しゃべれない」という悩みでしたが、人は誰しも若気《わかげ》の至りをくり返して、大人に成長していきます。

若い人はパッション、情熱がとても強いものです。それに大人に比べて、ブレーキが利きにくいので、いいことでも悪いことでも突っ走ってしまう傾向があります。

しかし、これは人の成長に必要な時代であって、**乗り越えるというよりは、無事に通過さえできればいい**ものです。必ず通るべきダークトンネルなのです。

人生という長いロードにおいては、通過しなければいけないものなのです。

また、若いときでも「あえて戦わない」ということも大切です。

私はチャレンジすることが好きな人間です。

ナイアガラの滝に観光で行ったときに、私の乗っていた船が滝の下に近づきすぎて、コントロール不能になりました。乗客のみなさんは、いっせいに船の後方に逃げたのですが、私は船首に向かっていって、そこでバシャバシャに滝の水を浴びながら立ち続けました。

「カムバック！　カムバック！」

とみなさんが叫びましたが、私は水を浴びながら水流と船の動きを見ていたのです。

すると、しばらくして船は自然に回転して、滝から出ていきました。このとき、船の向きが変わったので、今度は後方にいたみなさんが滝に打たれてズブ濡れになりました。

このエピソードで私がいいたいのは、**あえて戦わないことで道は開ける**ということです。

もし川に流されても、流れに逆らわず、むしろ流れに身を任すことができれば、自然に安全なところに行きつくものです。

とにかく私は、無理なことを力ずくですることは、お勧めしません。

大切なことはただひとつ、自分を愛すること。

そして、いまこの瞬間を生きることで、人はおのずとポジティブになれます。

第2章
「いま」を生き切る

「今生」はたった一度きり。
だから「いまこの瞬間」を、
ステキな笑顔で過ごそうよ。

誰とでも仲良くなれるコツ

これまで自分を愛することの大切さについて、いろいろな視点からお話ししてきました。樹にたとえていえば、自分自身への愛は根っこにあたり、すべてを生み出す源泉となります。恋愛や人づき合いなどの人間関係、仕事やお金の問題などは、この樹の枝葉や花、実となる部分ですから、根っこを大切にできれば、幹や枝は力強く伸び、葉は青々と茂り、花は美しく咲き誇り、実はたわわに実るのです。

自分という存在を深く愛して、大切にすることがすべての根っこであることを、ぜひ忘れないようにしてください。

人間関係に悩む現代人は、大変多いようです。マスター・ヒーラーとしての私のもとにも、多くの方々が相談にいらっしゃいます。

この問題は、私と関係の深いふたつの国、日本とアメリカの区別なく広がっているものですので、おそらく世界中の人たちが抱く悩みなのでしょう。

私が暮らすニューヨークは、多種多様な人が生活している世界一の人種のるつぼですから、外見の違いはもちろんのこと、宗教や生活様式、貧富の差など、本当にいろいろな人がごちゃ混ぜになってひとつの街をつくっています。

実際、私の友人関係もバラエティに富んでいて、白人、黒人、ヒスパニック、東洋系、中東系など人種だけでもさまざまです。

食べものやファッションの好みも違います。男性を好きな男性、女性を愛する女性も周囲にたくさんいらっしゃいますし、感性もみなさん本当に個性的です。

私は動物とも話をしますので、ワンちゃん、ニャンコはもちろんのこと、森でよく出会う鹿やイノシシなどの野生動物、牧場で暮らす馬なども大切な友だちです。

私にとっては、そのひとりひとりが大切な友人ですので、つき合い方を分けへだてるようなことは一切ありません。ハリウッドスターもワンちゃんも、同じ友だちです。

「ドクター・ケンは、友だちが多いね！」

よくそういわれますが、誰が目の前に現れようともフランクかつフレンドリーな気持ちで、一緒にいられる時間を楽しめていることだけは自信があります。

誰とでも仲良くなれるコツがあるとすれば、まず大切なのは、**相手にきちんと興味を持つことです**。

相手に興味を持つというのは、髪の毛や目の色の違いとか、背が高いとか太っているとか、また男性であるか女性であるかとか、目に見える外見上のことではありません。

そもそも、私たちが見ている外見というのは、案外その人の中身から生み出された美ではなく、人工的につくられた美であることが多いのです。

このギャップを自覚していない人が、いまの時代にはとても多くいらっしゃいます。

本当の魅力ではなく、うわべのつくられた姿だけで人を見ていると、いつの間にか、自分に近い感性の人や、考え方が似ている人としかつき合うことができなくなってしまいます。

これは本当に不幸なことです。

つくられた姿ではなく、相手の中身を見る習慣を身につけると、さまざまな個性の人とつき合うことが楽しくなり、人間関係はすべてうまくいきます。世界中で起こっている戦争も、一瞬にしてなくなってしまうはずです。

私にとっては、人間も動物も同じ友人ですので、あえて動物でたとえてみましょう。

ニューヨークには、マンハッタンのど真ん中のセントラルパークに動物園がありますし、ブロンクスまで足を伸ばせば、世界有数の規模を誇る大きな動物園もあります。

ブロンクス動物園に行けば、大きなキリンが悠然と歩く姿を間近に見ることができますが、子どもはきっとこんな声をあげることでしょう。

「どうして、キリンさんは首があんなに長いの？」

体高は五メートル以上、首の長さは二メートル以上になるキリンは、諸説はありますが、高い木に茂る葉を食べるために首が長くなったといわれています。

このキリンの首の長さは、外見の特徴でもありますが、実は輝く個性のひとつ。

純粋な子どもの感性は、キリンの輝く個性に感動しているのです。

「キリンだから首が長いのは当たり前」

大人はそう考えがちで、「キリンは首が長い」という同じ事実を目にしても、そこで生まれる感動の形はまったく異なっているのです。


首の骨のことを医学用語では「頸椎《けいつい》」といいます。

人間の頸椎は、七つの骨が組み合わさってできていますが、二メートル以上にもなる長いキリンの頸椎も、同じく七つの骨でできています。

実は多くの哺乳類の頸椎は、ほとんどが同じ七つの骨で形成されているのです。

つまり、キリンの長い首は、とても長い時間をかけて磨かれた、輝く個性であるといえるでしょう。

その個性の輝きを素直に見ることができるからこそ、子どもは動物園で歓声をあげることができるわけです。

自分にはない人の個性を楽しむことができれば、自分とは異なる意見を耳にしても、「オマエは何を言っているんだ！」

と怒ることなどあろうはずがなく、そこにはただ、

「へえ、あなたはそんなふうに考えることができるんだね。面白いね」

という感動が生まれるだけですから、どんな人に対しても、尊敬と愛の念を持つことができるようになります。また、自分にはない才能を目の当たりにしても、

「うらやましいなあ。どうして僕にはあんな才能がないのだろう……」

と嫉妬することもありません。

「あなたはすごい人だね。すばらしいね！」

そう感動することができるはずなのです。

嫉妬している人というのは、キリンになりたがっている猫のようなものです。自分が兼ね備えている敏捷《びんしょう》さや跳躍力、鋭い爪といった、猫としての魅力を見失っているともいえるでしょう。

私はそれぞれの動物、人間が持っているオリジナリティあふれる魅力、心の在り方を見るよ

うにしているので、人種や宗教が異なり、考え方や感性が違う人とのつき合いを楽しめるのだと思います。

苦手な人と無理につき合う必要はない

どんな人が現れてもフランクにつき合って、ともに過ごす時間を楽しむ自信があると書きましたが、とはいえ私にも、つき合うのが苦手な人というのはいます。

その苦手なタイプとは、**とりつくろったうわべだけの魅力にしがみついている人**です。

装った魅力を必死で守ろうとしている人は、その人本来の磨かれた真の魅力が見えづらくなっているので、こちらがナチュラルかつニュートラルに構えていると、どう会話してよいのかわからなくなってしまいます。

まだ心にオープンなところが残っている人は、その鎧《よろい》をとり去ることができるのですが、

「これが私の魅力なんです。この魅力だけを見て！」

と押しつけ続ける人とは、正直つき合うことができません。そんなとき私は、

「I　gotta　go！」（もう行かなきゃ！）

といって、その人から離れるようにしています。たとえその人から、

「ドクター・ケン。あなたともう少しお話ししたいの」

と請《こ》われても、

「時間があるときに、また連絡するよ！」

そう答えて、残念ながら私から連絡しないようにしています。

自分をとりつくろうことなく、真の姿で接してもらえれば、私はどんな人とも楽しく時を過ごすことができます。

つまり、本質的には苦手な人というのは存在しません。

しかしながら、本当の自分を見せまいと必死になって鎧でガードされ続ければ、コミュニケーションをとる術《すべ》を奪われてしまいます。

「I　gotta　go！」

過去にそう告げた相手であっても、ガードする鎧を脱ぎ去り、ピュアな気持ちになって、ふたたび私の前に現れてくれれば、いつでもドクター・ケンは、

「I　am　glad　to　see　you！」

そういって、フランクかつフレンドリーに迎えることができるのです。

たしかに現代の社会では、ピュアな自分をむき出しにしていては生きにくくなる局面も少なくないので、多かれ少なかれ、人は自分を守る鎧を身につけています。

しかし、**親しくなったり、愛し合ったりするには、その鎧を脱ぎ去って、真の自分を見せることなしに関係が深まることはありません**。

ビジネスやお金による関係は長く続きません。「カネの切れ目が縁の切れ目」といわれるとおり、本当の幸福感を与え合う人間関係とはなりえません。

では、相手の本性を見抜くためには、どのような目を持てばよいのでしょうか。

それにはやはり、前章でくり返し述べたステップバック——一歩も三歩も下がって距離をとり、相手の全体像を眺めるということが大切になります。

人間関係というものは、相手との距離が近づくほど、視野が狭くなるほど、表面的なうわべの姿にだまされやすいものなのです。

相手がビジネスやお金を目的としている場合には、とくにその傾向が強くなります。欲望に満ちた人間が持つパワーは、なかなかに強いものなのです。そんな人が現れたときも、

「I　g o t t a　g o！」

私はすぐに離れて距離をとり、本質が見えてくるまで焦らずに待ちます。

その人の本当の姿が見えてこないときには、無理をしてつき合うことはせず、もっとおたがいピュアな気持ちになれる人のもとへ足を向けることにしています。

自分だけの世界を構築しよう

現代社会において、子どものいじめの問題は、ニュースの尽きることのない大きな社会問題となっているのはいうまでもありません。

私自身、子どものときにひどいいじめを経験したのは前述したとおりです。

私の場合、いじめから逃げる最良の方法は、父の診療所に逃げ込むことでした。

診療所は大人の世界ですから、私以外の子どもは決して入り込むことのできない、絶対的なセーフティ・エリアです。幼いときから医療の現場に興味を持っていた私は、診療所を訪れる大人たちから、

「ケンちゃん、背中にお灸《きゅう》するからもぐさをとってくれる?」

「おい、ケン坊。オレの脇腹に鍼《はり》を打ってくれよ!」

なんて声がかかることもたびたびで、私のおばあちゃんなどは父に向かって、

「そろそろ、ケンにきちんとやり方を教えてあげなさいよ」

といっていたほどです。

実際、当時の私はすでに診療所において大人の役に立つ子どもになっていましたし、臨床の現場をつぶさに観察することで、その後の人生に大きな影響を与えたのも事実です。

つまり、父の診療所という場は、いじめのある世界から逃げるためのセーフティ・エリアであるとともに、私の興味を引きつける魅惑の場所でもあったのです。


そんな経験からいえば、いじめの問題を解決する第一歩は、お子さん自身が興味のある世界を発見して、そこを逃げ場とするとともに、楽しいことに没頭する時間をつくることです。

興味があること、楽しいことに没頭できれば、周囲の雑音など気にならなくなるものです。

いじめに苦しむお子さんは、ほかの子どもよりも繊細な神経を持っていることが多いので、どうしても周囲の環境、人間関係を気にしすぎる傾向があるものです。

いじめの問題を克服、解消するためには、**人のいうことなんて我関せず、孤独なんて怖くな**

いと思える、自分だけの世界を構築することが最良の方法だと私は考えています。

ただ、子どもの世界は大人の世界ほど広くはありません。どうしても、家庭と学校というふたつの世界を行き来するしか、生きる術がないと感じることもあるでしょう。

しかし、本当の世界はそうではありません。

ひとりの人間が生まれてきた意味とは、その人が持って生まれた資質を活かし切ることに尽きます。つまり、その人の使命です。

使命をまっとうすることに比べたら、学校に行くか行かないかなど、大した問題ではありません。

私はそもそも学校に行くことを勧めないという、日本では珍しいタイプの大人ですので、極論に聞こえる人もいるかもしれませんが、アメリカでは個性を活かす、個性を伸ばす教育がもはや主流となっています。

新潟の実家で身につけたパワーをベースにして、ニューヨークで診療所を開いて三九年、私はこの世界にずっと没頭して毎日患者さんを診ていますが、つくづく自分は幸せだな……と感じ、すべてに感謝して生きています。

それは、私が私だけの個性、資質に準じて生きてきたからにほかならず、自分のやりたいことをやってきたからこそ、手に入れることができた幸福だと思います。

本当の幸福とは何かを考える

一方、いまだに日本の教育現場では、いい大学を出て、いい会社に入るのが幸福……などと、ひとりひとりの個性を無視した幸福論が押しつけられているようです。

それを信じた子どもたちが、誤った考え方で自分の道を決めてしまうから、大人になっても幸せになれないと感じる人が多いのだと思います。

それに比較して、自由人というのは本当に幸せなものです。

最初のうちはそれだけでは生活がなり立たず、別のアルバイトをしながら好きなことを続けて生きるのは、決して楽ではないでしょう。ときには歯を食いしばって我慢をし、空腹を抱えて眠らなければならない夜もあるでしょう。

それでも苦労が実って、貧しくとも生活できるようになれば、ほかでは得られない幸福な人生を送ることができます。

我慢や苦労のつらさは、それが自分の好きな道であれば、気楽に乗り越えられるものであることを知ってほしいと思います。

もちろん、子ども自身が人生を選択することは難しいでしょう。

その結果、学校を自分の意思で辞めることができず、どんどん追い込まれてしまうかもしれません。

しかし、あえて声を大にして子どもたちにいってあげたいのです。

「本当に嫌だったら学校なんて行かなくていい」

「本当に好きなことに本気でとり組み、そこから人生を切り開こう」

どうか親御さんには、広い視野でお子さんのために力を注いであげてほしいと願います。

いまの日本の教育では、いじめが発覚して親や教育委員会などが介入しても、なんとかして子どもを学校に行かせることを前提にしか、話が進んでいかないようです。

そんな発想では、子どもは苦しむだけです。

少なくとも親御さんには、金輪際《こんりんざい》、そんな発想を捨ててほしいのです。

日本の学校の考え方は、子どもを救い、育てることではなく、生産性の高い社会をスムーズに機能させることを軸にしていることに気づいてほしいのです。

サラリーマンとなって、企業のためだけに生きる人間をつくろうとしているのが、現代の日本の教育現場そのものの姿です。口を開けば、

「個性を大切に……」

といいますが、実際は個性を奪い、「一般的である」という鎖につなごうとしています。輝く個性を持つ子どもたちを、ひとつの形に当てはめず、もっと自由にそれぞれの資質を伸ばしてあげる教育をとり戻さないと、救われない社会になってしまうでしょう。


いじめの問題を考えるとき、もうひとつ忘れてはいけないことがあります。それは、「人間は動物である」という事実です。

「人間らしくあるべきだ」という言葉には、人間の中にある動物性を諌《いさ》めようとする意味合いがふくまれています。もちろん、この言葉自体は間違っていません。

しかし、**人間の中にある動物性について、私たちは忘れてはいけない**のです。

「ドクター・ケン。うちの息子は、どこにいってもいじめられて困っています。どうすればいいでしょうか？」

そんな相談を受けたことがあるのですが、かわいそうなことに、どんな社会に入ってもつね

にいじめの対象とされてしまう子どもはたしかに存在します。

子どもだけではありません。大人であっても同じことがいえるでしょう。

どうして、つねにその人がいじめられてしまうのか？

それは、その人の弱点が周囲の人から見えやすい、ということにあります。誤解してほしくないのですが、私は「いじめられる人にも悪い点がある」といっているのではありません。

人間は、ヒトという名の動物です。

動物である以上、自然界の弱肉強食の世界とまったく無縁ではいられないのです。

動物としての本性が目覚めて、相手の弱い点を見つけて攻撃することがままあることを私たちは忘れてはいけません。

人間は「動物」であることを忘れない

アメリカの森の中で、私はオオカミがヒツジの群れを襲うシーンに遭遇したことがあります。

すぐに私は、

「大変だ！　ヒツジたちを助けなきゃ！」

と思ったのですが、落ち着いてよく観察していると、その群れの中からもっとも弱々しいヒツジが、まるでみずから命を差し出すかのように歩み出ました。私は思わず、

「ごめんね。助けてあげられなくて……」

と量子波を使ってそのヒツジに話しかけたのです。すると、そのヒツジはこういいました。

「いいえ、これでいいのです。私は足を怪我しているし、もうすぐ動けなくなる運命です。**だから私が犠牲になって、ファミリーの役に立てれば幸福なのです**」

いまなお弱肉強食の世界に生きる動物たちには、このような犠牲の精神が残っています。

もちろん、私はいじめられる人に「犠牲となれ」といっているのではありません。

動物としての人間には、このオオカミにあるような精神が残されています。弱肉強食の時代に培われたDNAがある以上、強い者は弱い者を襲う性質をどうしても消せません。

人間らしくあろうと、私たち人間は社会をつくり、この弱肉強食の性質を長い時間をかけて克服してきたのですが、現時点では一〇〇％解消できたわけではありません。

また、大人の社会よりも子どもの社会のほうが、こうした動物的な残酷さが残されているので、弱い部分が見えやすい子どもは、どうしても群れの中でつらい状況に置かれてしまうことが少なくありません。

大人のように妙なしがらみはありませんが、動物的で自然なパワーが強いのが子どもの社会なのです。

集団の中にいると、つねにいじめられてしまう子どもが救われるために、もっともよい方法は、決して戦わないことです。

「やったら、オマエもやり返せ！」

などという大人もいますが、やり返してはいけません。というよりも、その子にはできないのです。なぜなら、いじめっ子はそれなりに強く、相手が弱いことを見抜いて襲っているわけですから、やり返していいことはありません。

また、やり返すことで、その子に自分の弱さを身に染みさせてしまい、さらに追い込んでしまいます。結果、自己否定する感情を強めることになります。

「戦わずに、そこから離れちゃおうよ！」

私であれば、その子にそうアドバイスすると思います。授業が終わったら、

「I wanna go！」

そういって、すぐに自分だけの世界に飛び込めばいいのです。セーフティ・エリアをつくって、自分の没頭できる世界に飛び込むことこそ、人間が動物ではなく、人間らしく生きるため

の知恵というものです。

そこで好きなスポーツをするとか、ピアノやギターを弾《ひ》くとか、芸術を磨くとか、本を読みあさるとか、自分が楽しくできるものに人生の大切な時間を使いましょう。

そのためには、親御さんが大切なお子さんに対して、自分の人生を大切にするよう、語りかけてあげなければなりません。

「学校に行かなきゃいけない！」

「授業を受けないといけない！」

などと、ひとりの人間としての人格より社会を優先するようなことを口にしてしまうと、お子さんが純粋にやりたいと感じることが押しのけられてしまいます。

「イヤだ！　僕はこれをやりたいんだ！」

そうお子さんがいえるような家庭の空気をつくってあげましょう。


ある意味では、**いま教育しなければならないのは子どもではなく、親のほう**といえるかもしれません。未熟な大人が、子どもを正しく育てられるはずはないのです。

すでに日本は世界をけん引する大国であり、発展スピードが加速しているアジアのリーダーなのですから、これからはもっと個性を伸ばす社会にならないといけません。

子どもたちの個性を伸ばすことができる大人を育てることこそ、いじめの問題を解決する大きな基礎になることだと思います。

ひとりの人間のあるがままのすばらしさ、その人の個性を周囲が受け入れ、そのままみんなでエンジョイできる教育現場を構築するべきです。

旧来の管理教育は、すでに破たんしているのですから……。

最高の親子関係はこうしてつくる

人間社会のもっともミニマムな社会こそが家族です。

本来の家族とは、外の社会で傷ついたり困ったりしたとき、いつでも逃げ込むことのできる、絶対的な安心に包まれた世界のはずですが、その家族関係がうまくいかずに苦しんでいる人がたくさんいらっしゃいます。

五度の臨死体験を通して見てきた、私たちが誕生する直前の魂の世界では、子どもの魂がみずから自分の親となるべき人を選んでいました。

「子どもは親を選べない」のではなく、子どもは親を選んで生まれてくるのです。

しかし、現実の世界には、自分で選んだはずの親とうまくコミュニケーションできない子どもたちがあふれています。

それはなぜなのでしょうか。


まず子どもの魂と親の魂が、おたがい引き合うことができたか、という問題があります。

前述のように、子どもが親を選ぶパワーが九五%で、残りの五%は親が子どもを引き寄せる引力です。

親による引力の五%が正しく働けばよいのですが、引力がうまく作用せず、一部の子どもの魂が本来選んだ親ではなく、別の親から生まれてきてしまうことがあるのです。

親子関係がうまくいかない人の中には、まれにですが、この問題が横たわっていることもあります。

魂の時点ですれ違っているので、このケースはなかなか解決が難しいのですが、ほとんどの人はこのケースに該当しません。

子が親を選び、たがいに引き寄せ合った正真正銘の親子関係がギクシャクしてしまう最大の理由は、**親が子どもをひとりの独立した人格として尊重していない**ことでしょう。

たとえば、食事中に子どもが粗相《そそう》をしてしまい、テーブルにスープをこぼしてしまったとします。そんなとき、子どもをきつく叱ってしまう親御さんは少なくありません。

「あんた！　何やってんの！」

子どもの失敗を前に、声を荒らげてしまう人を見かけたのは、一度や二度ではありません。

人間、それも発育途中の子どもなのですから、失敗して当たり前。そんなときは、

「大丈夫？　やけどしなかった？」

と優しく声をかけて、あとは黙ってテーブルを拭いてあげればよいのです。

そうすれば、子どもは親の優しさ、愛情を全身で感じることができて安心します。

本当の愛情を栄養にして育った子どもが、おかしな大人になることはないのです。

親子関係のギクシャクの多くは、思いどおりにならない親のいらだちをきっかけに起こるものであって、子どもが悪いわけではありません。

ここで間違ってはいけないのは、教育とは愛を示して育むことであって、決して管理ではないということです。自分の子どもを社会に照らして評価してはいけないのです。

子どもであっても、独立したひとりの人格であることに違いはありません。

たとえ親であっても、所有することはできず、管理できるものではないのです。心のどこか

で、子どもを自分のものであると誤解していると、思いどおりにならないことに親はいらだち、本意ではない関係を押しつけられる子どももイライラします。

これがギクシャクする親子間にあるものの正体です。


このような誤った親子関係を続けていると、親の霊が子どもの中に入り込んでしまいます。

先日、私のところに相談に来た親子は、お子さんがお母さんの首をしめてしまったり、暴力を振るったりして、家庭内が荒れて困っていました。

診療所にいらしたときにも、親御さんは怯《おび》え切っていて、子どもはいらだちを隠せません。

しかし、私がお子さんと対面すると、すぐに表情が穏やかになり、どこにでもいる明るい子どもの姿に戻りました。

「負のオーラを背負ったお母さんの霊が、だいぶ子どもに入り込んでいるな……」

すぐに私はそう思いました。

毎日、子どもから暴力を受け続け、虐《しいた》げられているお母さんは、知らず知らずのうちに、負のパワーを子どもに送り続け、それが息子さんの中に蓄積していたのです。

そもそもの起こりは、親のいらだちを子どもにぶつけ続けたことにあるのですが、やがて蓄積した負のパワーが子どもから親へはね返るようになり、さらに親の霊が火に油を注ぐという悪循環におちいっている状態です。

子どもは腕力でかなわないお父さんを殴るわけにはいかないので、どうしても矛先《ほこさき》はお母さんに向かってしまいます。このあたりは動物としての判断ですから、仕方がありません。

私が量子波を送ることで、いったんお子さんの波動は整えられたのですが、本質的には何も解決されていないので、このままでは家に戻った瞬間にもとの状態に戻ってしまいます。

息子さんは純粋そのものなのに、親御さんによって歪《ゆが》められてしまい、せっかく美しい世界で伸びのび生きたいのに阻《はば》まれてしまっています。

たとえば、子どもが望んでいないのにピアノ教室に通わせたり、バイオリンを指導したりする親御さんがいますが、将来的にいいことなんてひとつもありません。

本人の望みではなく、親が強要して授《さず》けた教育では、テクニカル・ミュージシャンにはなれても、人を心から感動させることのできる本物のミュージシャンにはなれないのです。いつでも子どもは、自分がやりたいことであれば、自然とピアノを弾き、バイオリンを奏《かな》でようとするものです。

親が命令や強制をすれば、必ず子どもの心は歪んでしまいます。

この親子のケースでは、私は帰り際にお母さんとお話をして、**子どもを管理するのではな**

く、**愛情をもって自由にさせてあげる大切さ**をお伝えしました。

「子離れできない親」が子どもをだめにする

このように子どもの問題というのは、つねに親の問題からはじまっているケースがほとんどのように思います。

もうひとつ、家族関係において大きな問題となっているのは「子離れできない親」の出現でしょう。発育期の子どもが親に依存するのはふつうのことですが、社会の少子化が進んだためなのか、それとは逆に子どもに依存する親が増えているように思います。

なぜ子離れできない親が増加しているのでしょうか。

そこには家庭を守る母親、奥さんが人生をエンジョイできていないことが関係しているように思います。

奥さんが幸せを感じられない原因は、旦那さんの責任が大きいといわざるをえません。

奥さんが用意した朝食を食べるときにも新聞を広げ会話もせず、出勤すれば遅くまで帰宅せず、ときには酔っぱらって帰ってくる旦那さん。口を開けば、

「仕事だから仕方がない」

「つき合いだから、しょうがないじゃないか」

などといい、家にいてもテレビの前でゴロゴロしながら、

「仕事で疲れているんだよ……」

というのでは、奥さんが楽しく暮らせるわけがありません。

奥さんは自分の人生が楽しくないから、どうしても子どもの人生に介入して、そこに自分の人生を重ね合わせようとしてしまう。これが子離れできない親の正体なのです。

修学旅行についていく親、社会人になった子どもの入社式に出席する親、体調不良で会社を休むときに、

「うちの子が風邪をひいてしまいまして……」

と子どもに代わって勤め先に電話する親など、ひと昔前の日本の常識では考えられない親のふるまいがテレビなどで紹介されています。

その原因となっているのは、**親自身に生きがいがなく、気持ちのすべてが子どもに向いてしまっているから**にほかなりません。

子どもは、自分の意思で親を選び、この世に生まれてくるといいました。つまり、子どもの精神は生まれるときから、すでに自立しているのです。

親の仕事は、子どもをひとりの別人格として認めたうえで、一日も早く社会的に自立できるようにバックアップし、自由に解き放ってあげることです。

狭い大人の世界に閉じこもってはいけない

先ほど申し上げたとおり、**奥さんを不幸にしてしまうのは、ほぼ旦那さんの責任です。**

「君を一生幸せにするよ！」

とプロポーズで誓ったはずなのに、いつの間にか家にいる時間が少なくなってしまう旦那さんは少なくありません。

会社では七～八時間、人によっては一二時間以上も働いているにもかかわらず、退社後も同じ会社の人たちとお酒を飲みにいく人の気持ちは、私にはまったくわかりません。

同じ職場、同じ職業の人たちとばかりつき合っていると、視野はどんどん狭くなり、刺激を受けて自分を磨くことにもならないのです。

これでは、人生に面白いことが起こる可能性などゼロといえます。

それなら、会社で一生懸命働いたあとはさっさと家に帰って、奥さんやお子さんとの時間を楽しむほうがハッピーに違いありません。

私は医療関係者の人とは、ほとんどプライベートで会うことがありません。

一緒にグラスを傾けるのは、ダンサーや歌手、弁護士など異業種の人ばかりであるうえ、人種もさまざまです。

その席では、たとえば私がウオッカの酔いに任せて、

「トランプは、子どものような大統領だよ。ダメだな、あれは……」

なんて話をすれば、ウォール街で働くビジネスマンの友だちは、

「いや、ドクター・ケン。そんなことはない。株価は上昇しているじゃないか。ビジネスマンとしては、優れた大統領ともいえると思うよ」

「なるほど。いい面もあるのか……。政治家は、それぞれの評価の仕方によって、いい政治家にもなり、悪い政治家にもなるものだね」

といったように、自分の考えにはない、まったく別の発想が飛び出してくるものです。それ

が刺激となり、栄養となることで、私という人間にも磨きがかかるチャンスが生まれます。

親が狭い世界に閉じこもり、狭い視野でしか判断できなくなると、子どもを世間体や社会の常識に照らし合わせて評価するようになります。

「こんなときに、トイレなんてがまんしなさい！」

「ごはん食べているときに立っちゃダメでしょ！」

そんなふうに幼い子どもを怒鳴りつけている親御さんを見ると、私は暗鬱《あんうつ》とした気持ちになってしまいます。

学校の授業中であっても、トイレを我慢する必要などありません。生理現象を我慢するのは身体に毒です。人間は生理現象を完全にコントロールすることはできないのです。

アメリカの企業では、会議中にトイレに行くことなど、まったく問題にしません。

同じ会社の人間ばかりで長時間話し合っても意味がないので、そもそも会議自体が日本よりずっと少ないのですが……。

「こんな大事なときに！」

なんて思ってしまうことこそが、大人の視野が狭くなっている証拠だと知るべきでしょう。

日本社会になじめなかった私

「アメリカでは……」

とくり返してお話しすることは、あまりいい趣味ではないとわかっているのですが、私の視点はどうしても、死後の世界とアメリカ、そして古い時代の日本の三つになってしまいます。

というのは、ドクター・ケンという人格は、この三つの世界に根っこを下ろすことで形成されてきたからです。


講演会などの用事で、年に数回日本を訪れると、よく受ける質問があります。それは、

「どうしたら、ケン先生のように海外で成功することができますか？」

というものです。だいたい二〇～四〇歳代の若い人が、希望に満ちたキラキラした目をして、この質問をしてきます。

なぜ、ドクター・ケンはアメリカに渡ったのか……。前作『5度の臨死体験でわかったあの世の秘密』では、九九歳で亡くなった父が、

「お前は、アメリカに渡りなさい。アメリカには、日本以上に病に苦しむ人が多いのだよ」

生前に、そう私にいっていたからだと書きました。

もちろん、それは本当のことなのですが、もうひとつ切実な理由があります。それは、

「日本で私は生きていけない」

ということがわかったからです。こう話すと、多くのみなさんは、

「ドクター・ケン、得意のジョークが出たよ！」

と笑うのですが、これは本当のことなのです。


これは、若き日の私が勤めようとした鍼灸院《しんきゅういん》でのエピソードです。

ある日、その鍼灸院の院長先生がいいました。

「小林君、ここがツボだから鍼を打ちたまえ」

しかし私には、ひと目でそこが打つべき場所ではないとわかりました。というのは、エネルギーの流れがそこにはまったくなかったからです。

「先生、エネルギーのないところに鍼は打てません……」

「君は経絡《けいらく》の勉強をしたんだよな？　ここに決まっているじゃないか！　私のいったとおりに打ちなさい！」

そういわれても、大事な患者さんの身体ですから、間違ったことはできません。

私は、別件で呼ばれて院長先生が立ち去ったあと、エネルギーの流れにしたがって、先生に指示された場所とは別のところに鍼を打ちました。

すると、すぐに患者さんはスーッと楽になって帰っていきました。毎日そういうことをくり返していくうちに、来院された患者のみなさんが口をそろえて、

「院長先生ではなく、小林先生に診てもらいたいのですが……」

と私を指名してくるようになったのです。院長先生は当然、面白くありません。

「小林君、君はクビだ！」

患者さんがどんどん増えるのに、私はどうしても経営者や上司とうまくいきませんでした。

いま考えてみると、私は組織や管理社会に合わない人間なのだと思いますし、いまでもその気質はまったく変わりません。

日本の組織では、上の人からいわれたことをまじめにこなす人が、上手にコミュニケーションもできて出世するのですが、**私のように自由を愛して、本質的なことだけを追求してしまう人は嫌われてしまう**のでしょう。

つまり、私はアメリカン・ドリームを夢見たわけではなく、やむをえず日本を飛び出したということになります。

海外に飛び出して成功する秘訣とは？

活躍する世界を広げることは、夢のあるすばらしいことですが、実際に母国を捨てて海外に飛び出してみると、大きな困難の連続です。話す言葉も異なり、人種や社会、宗教、生活習慣もまったく違うのですから、最初は日本人が日本で暮らすようにはスムーズにいかないことばかりです。

まず、大変なエネルギーが必要となることは忘れてはいけません。

私には合いませんでしたが、日本はしっかりと管理された強い国ですから、日本が大好き！と思える人は、無理に海外に出なくてもよいと思います。

一分の狂いもなく電車が来る国なんて、世界のどこにもないのではないでしょうか。

このことは日本という国の大きな美点であり、世界中から尊敬を集める勤勉さを如実に表していると思います。

日本人もまた、時間の約束をきっちり守る人が多いです。

たとえばアメリカで三〇人の人に、

「では、午後六時に集合してください！」

といっても、時間どおりに集まる人は半分もいないことでしょう。「五分前行動」が身についている日本人であれば、一〇分前にはほとんどの人が集まるのではないでしょうか。

また、世界で活躍する日本人には、本当に優れた人がたくさんいます。ノーベル賞を受賞するような世紀の大発見をした人、偉大な発明をした人や世界的な商品を開発した人など、数え上げたらキリがないほどです。

海外の研究所などでは、研究者をまとめるようなポジションに優秀な日本人がいることも、決して珍しくありません。

私の友人にも、アメリカで活躍する日本人が少なくないのですが、実はみなさん、日本にいたころの話になると私が経験したような苦い昔話をする人ばかりなのです。

「学校でいじめられてね」

「勉強はできたんだけど、先生といつもうまくいかなくて」

「どうしても朝が苦手でさ。遅刻魔で留年したんだよ」

学校や企業などの組織では浮いてしまうような人ばかりが、意外にも海外で活躍しているという事実は否定できないと思います。

組織的に人々が足並みをそろえることで成功することもあり、強烈な個性が何かをきわめることで生まれる成功もある……それが世界というものです。

しかし、日本の組織は強烈な個性への扱いがまだまだ苦手で、どうしてもグループ行動が得意で、成績がよい人ばかりを優遇してしまう側面があります。

その結果、こうした人たちばかりが日本の組織に集まり、個性的な人はますます生きづらくなるという悪循環が生まれてしまいます。

日本の学校や企業は、歩調を乱しがちな個性を集めて、彼らに合った教育や事業を行なうプロジェクトにもっととり組むべきだと思います。

目が見えない、耳が聞こえない、口がきけない、手足がうまく動かないなど、いわゆる障がいを持っている人たちにも同じことがいえます。あまりいい言葉ではありませんが、健常者、障がい者という言葉でいえば、障がい者と呼ばれるみなさんには、健常者にはない強い個性、輝く才能を持っている人が少なくありません。

彼らに対しても、その個性や才能を伸ばす教育や事業を用意すれば、日本はもっと強く、いい社会になるはずです。

このあたりの事実を踏まえて、

「どうしたら、ケン先生のように海外で成功することができますか?」

という問いに答えるとすれば、**小さいことを気にせずに、自分のやりたいことを思い切りやり、いいたいことをきちんというということでしょう。**

人間は七〇兆個の細胞でできています。前作でくわしくお話ししたとおり、その細胞は素粒子と呼ばれる、さらに小さな粒々《つぶつぶ》が集まってできています。

つまり、人間はもとを正せば、その粒々の集まりでしかない儚《はかな》い存在です。

日本人もアメリカ人も、実は大した違いはなく、どっちもただの「粒々人間」です。

粒々が集まって人になり、粒々が集まった人間どうしが仕事をしたり、ケンカをしたり、愛し合ったりしている……それが世界の本当の姿です。

目で見えていることなんて、まったく大したことではありません。

「この世のことなんて、本当は存在していないに等しいほどちっぽけなことだ」

そう思うことができれば、海外での苦労などすべて笑って乗り越えることができるでしょう。

私ができることは、みなさんを「解放」してあげることだけです。

あとはみなさんが笑顔で、力強く、楽しく生きていくだけですから、それ以上、私の出番はありません。

困ったときや弱ったときには、愛する人や家族にハグしてもらったり、大地に寝転んで空を見上げたりすれば、

「**世界なんて、粒々どうしがフワフワ漂っているだけなんだよな。悩んでいてもつまらないぞ！**」

と思えるはずです。

みなさんは、自分で思い込んでいるよりも、ずっと自由で楽しく、フワフワして生きていけるようにできているのですから……。

信頼できるビジネス・パートナーの見わけ方

仕事上の人間関係は、とり組んでいる仕事を成功させるために大事なだけでなく、人生をエンジョイするためにも重要な存在といえるでしょう。

二四時間のうち平均七～八時間は働いている人が多く、この一日の三分の一を占める時間を

ともにするパートナーですから当然です。

私のニューヨークの診療所にも、いつも私を支えてくれるたくさんのスタッフがいますが、採用面接のときにもっとも重視することは「笑顔」です。

いい笑顔で笑える人なのかどうかは、とても大切です。

いい笑顔の人がスタッフにいれば、患者さんもリラックスしてくれますし、職場の雰囲気も明るくなります。もちろん私も楽しく働けますし、人生が豊かになります。

笑顔の素敵な人は、心の中もすっきり晴れやかな人が多く、妙なわだかまりを抱えていないので、目の前の仕事にも集中できると私は考えています。

余計な心配ごとを抱えていれば、仕事に身が入りませんし、次から次へと生まれる仕事に対して、いちいち個人的なこだわりをぶつけていては、スタッフ間の空気も悪くなり、スムーズさを欠いてしまいます。

そして第二には、「健康」であること。スタッフの顔色が悪くては、患者さんが不安になってしまいますので、これはいわずもがなです。

第三は、「よい波動」を持っている人でしょうか。

これは私の長年の経験によるものですが、一見、笑顔が素敵で健康的な人でも、波動のよくない人は、しばらく一緒にいるうちに化けの皮がはがれてくるのです。というと、少し言葉が悪いようにも思いますが、最初の印象とはガラリと変わって、悪いほうに転じてしまうことが多いのです。

最後は**「ウソをつかない人」**ということになります。

面接のときには独身といっていたのに、実は子持ちの主婦の方だった……。この程度のウソであれば、もちろん笑って許せます。でも、本当はなんでも正直にお話ししてもらうほうが印象はよいものです。

「実はバツイチなんです。子どももふたりいまして……」

そんなことがマイナスになることなどありえませんし、むしろ初対面ではいいにくいであろうことを自分から話してくださる人は、

「この人は信頼できる！　誠実だな」

と思えて、スタッフに加わっていただく可能性はグンと上がります。

実際、合格になる人も多くて、

「正直にお話ししてくれて、ありがとう！」

そういって、気持ちのこもった握手をしてしまいます。

逆に面接のときだけいい顔をして、採用してから新事実をいろいろ聞かされると信用はガタ落ちです。

とはいえ、日本人は比較的正直な人が多いと思います。すごいウソをつかれるケースは、むしろ相手がアメリカ人の場合です。

ある日、スタッフ募集に現れた男性は、アングロサクソン系の白人で、ビシッとしたスーツに身を包んだ、一見すごいジェントルマンでした。しかも、

「I speak Japanese freely」

そう、なんと日本語が得意で、自在に話せるというではないですか。驚いた私が日本語で、

「すごいね！ どこで日本語を習ったの？」

と聞くと、彼は何も答えずにキョトンとしています。続けて、私はこういいました。

「ここは診療所なので、毎日患者さんの相手をしてもらいます。たとえば、歩いているときにつまずいて、傷はないけど痛みがある場合は、どんな処置をすると思いますか？」

彼は、黙ったままです。おかしいな……と思った私は英語で、

「You say speak Japanese. But you don't understand what I say」

といい、こう聞きました。

「How many words you can speak?」

すると、彼は弾けるような笑顔になって、こういったのです。

「Ｏｈ　ｙｅｓ！　ＫＯＮＩＣＨＩＷＡ！」

「こんにちは」しかわからないのに、彼は日本語を自在に話せるといっていたのです。

こちらをだまそうというウソではなく、パフォーマンスのようなものだと思いますが、やはり話を盛りすぎる人とは一緒に働く気が起こりません。

大げさに話したがるアメリカ人ほどではなくても、あなたのまわりにも同じような人はいるでしょう。ウソをついて、いい人間関係が築けるはずがありません。

いつも笑顔で正直にいることが、幸福への近道となります。

あなたの「天職」はなんですか？

ここまで、私が考えるビジネス・パートナーの選び方についてお話ししました。

続いては、天職の見つけ方について、私なりの考えをお話ししましょう。

仕事については、みなさんいろいろな意見があると思いますが、多くの人は、働くことの第一の理由は「生活のため」と答えると思います。

しかし、同じ生活のために働くとしても、ただ生活費を稼ぐためだけに汗水をたらさなければならない人と、自分自身を成長させるため、夢と希望を叶《かな》えるために邁進《まいしん》する人とでは、働くよろこびの大きさに違いが出るのではないでしょうか。

つまり、いまの仕事が天職なのか否かという問題です。

しかし、**自分の仕事が天職かどうかは、残念ながら死んでみないとわからない**ものなのです。

というのは、五度の臨死体験を通して、私が天国で出会った人々の多くが、

「なぜ、私はあんな仕事をしていたのだろう……」

と疑問を抱いていたからです。

「本当は絵描きになりたかったのに、なぜ数学者になってしまったのか？」

世界的に有名な研究者だった人も、そういっていました。たとえ、みなさんがうらやむようなハリウッドスターでも、本当の天職であった人は数えるほどです。

「仕事をしているのが楽しい！　これは私の天職だ」

そう思っている人は少なくないと思いますが、この世での終焉《しゅうえん》を迎えて死の世界の住人になってみて、ひとりひとりが持って生まれた使命にそれを照らし合わせると、

「天職ではなかった。使命は果たせていないようだ……」
と多くの人が感じてしまうのです。

では、「仕事をしていると楽しい」と「天職である」ことの間には、一体どんな違いがあるのでしょうか。

ひと言でいえば、前者の場合は「慣れる」という感覚によるものといえそうです。

たとえば、音楽大学に通って音楽を勉強すれば、当然楽器に慣れてきて、演奏をテクニカルに覚えることができます。さらに演奏家としての修行を積むと、その手習いが生活を支えるお金を生むようになります。

「好きな音楽をやって、ごはんが食べられる。これは天職だ！」

と思い込むのですが、人生を終えて死んでみると、それが決して使命ではなかったことに気づかされて、

「なぜ、私はあんな仕事をしていたのだろう……」

と疑問を抱くことになります。

このように、死んでみないとわからないことが多いので、ぜひみなさんにも一度死んでいた

だいて、死後の世界を垣間見ることをおすすめしたいのですが、ほとんどの人は死ぬとそのままになってしまいますので、天職を確かめるために死ぬことはできません。

では、死後の世界を覗《のぞ》かずに、生きながらにして天職を知るには、どうすればよいでしょうか。

もっともよい方法は、「夢にしたがう」ことです。

というのは、眠っているときの私たちは、九九％死んでいるのと同じ状態だからです。

睡眠時に見ている夢は、もちろん死後の世界そのものではないのですが、**夢に現れたものの意味を考えることで天職、使命がわかる**ものなのです。

たとえば、いつも蛇《へび》の夢を見る人がいたとします。

蛇の夢というのは、蛇の種類や色によって意味が異なることがありますが、天職を探っていく場合の考え方では、

「蛇……蛇の皮……革細工……靴やバッグなどの革製品の職人さん……」

といったように、連想を広げていくことで、さまざまなことがわかってきます。

マスター・ヒーラーとしての私は、そんな夢判断をお願いされることも多々あります。

以前、私のもとを訪れた男性は、

「火事の夢をよく見るのですが……」

とおっしゃいました。夢の中で燃え盛っているのは自宅ではなく、何やら工場のような場所が多いといいます。そこで、夢の舞台について細かくお話を聞くうちに、

「あなたの使命や天職となるものは、木工製品の製造ですね」

私の目には、はっきりとそれが見えたのです。

すると、男性にも心当たりがあったようで、

「ドクター・ケン！　僕の真実がわかったよ！」

そう叫んで、一緒に来ていた奥さんと抱き合って泣いてしまいました。

みなさん、顕在意識ではわかっていなくても、**深層心理では使命や天職についてわかっているのです。**ですから、夢判断によって方向性が示されると、この男性のような感動を覚えることがあります。

もちろん、使命や天職がわかったとしても、その実現に向けて現実世界のかじ取りを一八〇度変えられるかどうかは、また別問題ではありますが……。

お金を引き寄せる生き方をしよう

もうひとつ、仕事には「やりがいがあるもの」と「お金になるもの」という二種類があって、このふたつを同時に満たすのがけっこう難しいという問題があります。

「楽しいけど、お金にならない」

「やりがいはあるけど、生活が続かない」

そんな悩みを抱えている人は、きっと多いことでしょう。

お金には、財力という力以外にも、何かを引き寄せる引力、パワーがあるものです。

しかしその引力に負けて、人がお金に引き寄せられてしまうと、人生はあまりいい展開にはなりません。

ここで大切なことは、**自分にお金を引き寄せるようなスタイルの仕事を見つけること**です。

「女優になるために劇団に入ったけど、お金にはならない。生活費を稼ぐために、夜はスナックで働こう！」

「小説家になりたい。新人賞を狙って原稿を書き続けよう。それまでは、執筆の時間を優先してコンビニでアルバイトをしよう」

そんな発想で仕事をがんばるのはとてもいいことですし、この情熱のベースに、持って生まれた使命やその人の天職があることは少なくありません。

お金に引き寄せられるのではなく、お金を引き寄せるような生活をしている人は、生物としても生命力が強いものです。

いま私が日本でカウンセリングをしている二〇代の女性は、若いのに身体に多くのがんを患って、抗がん剤を二五回も打ち、放射線もたくさん浴びています。何度も病院で死にかけているのに、いまもケロッとしていて、肌もつやつや、その容姿は絶世の美人そのものです。

「彼女は、よほど強いパワーを持っている人だな……」

初対面のときから、私には彼女から出る力強い波動がひしひしと伝わってきました。

「あなた、お仕事は？」

「キャバクラ嬢でーす」

そういって、ケラケラと笑うのです。

お話ししてみると夜のお仕事とはいえ、彼女はプロとしての誇りに満ちていて、自分の美と話術を全力で駆使し、お店のナンバーワンに君臨しているといいます。

「彼女が秘めている強い生命力が、がんを蹴散らして、抗がん剤や放射線の害をもはねつけているに違いない……」

そう感心しました。

自分という存在を活かし切るとパワーが生まれ、その力がお金をも引き寄せているということだと思います。

私の場合は活かし切ることだけにとどまらず、人生をエンジョイしすぎてしまっているので、世界中に一〇〇万人以上の患者さんがいて、七七歳の老体にムチ打ってまで一生懸命やっているのに、いっこうにお金はたまりません。飛行機はいつもエコノミークラスです。どちらかというと小柄の私には、まったく問題ありませんけどね。

しかし、お金持ちになれなくても、こうして本を出版することができて、垣間見た死後の世界で学んだこと、みなさんに知っていただきたいことを思うまま伝えることができているので、私は幸せです。

自然療法師として、またマスター・ヒーラーとして、世界中のみなさんに伝えなければならないことを発信することこそ、私の使命であり、天職です。

過去ではなく未来をしっかり見て、いまを一生懸命生き切ることさえ考えれば、きっと使命や天職に近づき、お金もどんどん引き寄せられることでしょう。

ただし、身も心もボロボロになるようながんばり方はいけません！

その先に夢の職業があったとしても、その場、そのときをエンジョイすることを忘れてはいけません。

幸福とは、必ず笑顔と健康の先にあるものです。

「うつ病」の七五％はうつ病ではない

現代人の心の問題についてお話しするとき、うつ病に触れないわけにはいきません。

自分がうつになってしまったと感じた場合、まず大切なことは、**何が原因でうつになったのかを究明すること**です。

私の診療所には、うつであることが疑われる患者さんがたくさんいらっしゃいますが、ほぼ七五％の人はうつではありません。

自分ではうつと思っていても、実際はうつではない人はとても多いのです。はっきりいえるのは、「自称うつ病患者」をつくっているのは病院だということです。

日常的に受けているストレス、人間関係のしがらみなどに疲れた……ただそれだけの人が、体調や精神状態がよくないと感じたときに、病院の心療内科などを受診すると、「うつですね。でもお薬で治りますから……。ではお大事に」という調子で、医師によって簡単に「うつ病認定」されてしまうのです。そして、たちまち一般的な抗うつ薬が数種類処方されて、それを毎日飲み続けることになります。

同じことが、がんなどの病気にもいえます。

五八年間に及ぶ私の経験では、そもそもがんというものは存在しません。

西洋医学の医師が「がんです」というから、がんというものが存在し、それとは関係のない症状を「がんによる痛み」とされてしまうのです。

うつに話を戻しましょう。

先日、診療所にいらした患者さんは、五〇代の女性の方で、二〇代の娘さん、さらに女の子のお孫さんもいらっしゃいます。女性三代で幸せいっぱいと思いきや、長い間心の病気に苦しみ、自殺未遂をくり返してきたそうです。

「うつになったきっかけは、なんだと思いますか？」

そう切り出して話を聞いてみると、なんと彼女の仕事は精神科の看護師だというではありませんか。医師ではないとしても、うつなどの心の病について熟知していて、それを治療する側のスペシャリストである彼女が、なぜうつになってしまったのでしょう。

彼女の場合、そのきっかけは不眠でした。

仕事のストレスによるものなのか、プライベートなことによる精神疲労なのかは不明ですが、とにかく彼女は眠れなくなってしまったのです。

「疲れているのに、なぜ眠れないのだろう……」

そう悩んでいた彼女は、職場にある睡眠導入剤を処方してもらい、就寝前に服用するようになりました。しかし、やがて薬の効きが弱まってきて、服用する量が徐々に増えていきます。

そして、薬の量が増えるにしたがい、精神的に不安定になり、不安感も増していきました。

「先生、不眠だけじゃなく、精神的にも疲れてきちゃって……不安定なんです」

そう、職場の精神科医に相談してみると、

「大丈夫。いい薬があるよ」

そう気軽にいわれて、今度は精神安定剤が処方されました。

以降、睡眠導入剤と精神安定剤が欠かせなくなり、やがて薬物中毒におちいってしまった彼女は、

「もう死んでしまいたい……」

と思うようになり、自殺未遂をくり返してしまうようになったのです。

もう賢明な読者のみなさんにはおわかりだと思いますが、**彼女はそもそも、うつなどではありませんでした**。単なるストレスや精神的な疲れによって、自律神経の働きが不安定になり、その結果、一時的な不眠におちいっていただけなのです。

しかし、安易に化学的に合成された薬を飲んでしまったことが、自殺未遂をくり返すような負のスパイラルの始まりとなります。

本来はジョギングやヨガ、ダンス、ロッククライミング、もちろんウォーキングでもよいのですが、エンジョイできることでストレスを発散して、心地よい汗をかくことで、健康的に肉体を疲労させてあげるだけでＯＫ。あとはシャワーを浴びてすっきりしてからベッドに入るだけで眠れたはずです。

その後は、生活習慣の改善だけで不眠は解消できたでしょう。

「治す」医療から「治る」医療の時代へ

西洋医学による「治す治療」は、単に症状を抑える対症療法ですから、病気を治すどころか、逆に病気をつくってしまうのです。精神科で働く看護師さんですら、誤った負のスパイラルに巻き込まれてしまうのですから、うつは、

「心療内科や精神科に行っても治らない」

ということです。

うつに限らず、いかなる病気であっても、治療というものは「治す治療」ではなく、**人間の身体と心、魂もふくめて総合的に診る「治る治療」でなければいけません。**

私の経験でいえば、彼女の例を引くまでもなく、うつだと思っている人のほとんどのケースは、そもそもうつではなく、病院によってうつと認定され、薬によっておかしくなるものですから、みなさんにも注意をしてほしいと思います。

人間だけでなく、すべての生物には「恒常性《こうじょうせい》」というシステムがあります。

恒常性とは、生まれながらに備わっている自然の力で、自律神経やホルモンが無意識下で働

くことによって、身体の環境を一定に保ち続けようとする仕組みのこと。この恒常性によって自然治癒力が働くので、九〇％の病気は少し生活習慣に気をつけるだけで治ってしまうのです。

くり返していえば、うつと思われている患者さんの大部分、およそ七五％はうつではありません。残りの二五％のうつである人も、その根っこにある原因は恒常性を働かせることで治ってしまいます。


不幸の連鎖によって、本当のうつになってしまったときにまず大切なことは、自分がうつになったことに気づき、冷静に受け止めることです。そして、化学的に合成された薬にはなるべく頼らずに、心の体操になるようなことを行ないましょう。

私が一番お勧めするのは、**大声で叫ぶことによって、心の中に蓄積した毒をデトックスすることです。**

ニューヨークの診療所では、近くにある山に行って穴を掘り、その穴に向かって、

「どうしてこんなに苦しいのよ！」

「私の何が悪いのよ！」

など、とにかくムカムカすること、暗くなっている気持ちを言葉にして吐き出します。

人の目を気にせずに叫ぶことができる場所がなければ、カラオケに行って同じことをしても

いいですし、大声で歌を歌ってもいいでしょう。

声を出すのが難しければ、**紙を用意して思っていることをどんどん書きなぐっていき、すべて書き出したら、それを安全な場所で燃やしてしまう**ことも効果があります。

このような声や文字によるデトックスは、心の叫びが外に出やすくなるので、私はとくにお勧めしています。

第3章

愛する人とともに生きる

あなたの大切な人は誰？
恥ずかしがらずに、
たくさんハグしてあげて！

素敵なパートナーと出会うために

人生をともに歩む素敵なパートナーを見つけることは、生きることを楽しみ、人生を充実させるためにもとても大切なことです。

みなさんはこのとき、どのような相手を「素敵」と思うでしょうか。

結婚を考えるときに、よく耳にすることは、

「どんな仕事をしていて、年収はどれくらいか？」

「何歳か？　イケメンか？　身長は？」

「結婚したら、仕事を辞めて家庭に入ってくれるか？」

「両親と同居してくれるのか？」

などなど、相手を品定めするような条件の話ばかりです。

何よりも大切なことは、外見や金銭面、結婚後の要求についてなどではなく、**純粋に相手の「人間性」であり、人間そのものの姿を見ること**ではないでしょうか。

結婚式をすませて、ハネムーンから戻ってから数年あまり、一緒にいることがふつうのことになったころにさまざまな問題が起こるのは、相手を選ぶときに条件ばかりを見て、その人の

人間性そのものを見ずに「素敵」と判断してしまったからにほかなりません。
いい出会いをするためには、相手がどんな人間であるのかを見きわめるトレーニングを日々積んでおくべきでしょう。

表面的な外見の美しさや学歴、収入などは、結婚相手を選ぶために関係のないことです。そんな契約的な結婚をするくらいなら、私は事実婚をお勧めします。

事実婚した相手との関係は「内縁《ないえん》」と呼ばれますが、現在の法律では婚姻届を提出している夫婦に準じて保護の対象となっていますし、財産分与の権利も認められています。もちろん親権も発生します。

婚姻届という名の契約書を交わす旧来の結婚は、どうしても相手を所有化する傾向が生まれやすいもので、相手に自分流を強要したり、束縛したりしがちです。

であれば、契約書を介さず、**好きな個人どうしが純粋に生活をともにする事実婚、内縁のほうがずっと自然な人間関係を構築できる**と私は考えています。

この世に生を享けてからあの世に旅立つまで、人間はひとりひとりが独立した存在です。

ふたりの人がいれば、ふたつの大きな環《わ》があって、真ん中の重なるところだけが夫婦であって、そのほかのところは個人的に独立しているのが、健全な関係ではないでしょうか。

人間とは本来、孤独な存在です。

ところが、根源的な孤独を忘れて、相手に依存しすぎたり、束縛しようとしたりすると相手は強いストレスを感じます。

自分は自分らしく生き、相手にも相手らしく生きてもらってこそ、伸びのびとした空気が生まれ、ふたりの間に誕生した子どもも生きいきと健やかに育つのです。

「婚活」の前にあなたがすべきこと

結婚のパートナー探しとして、日本では「婚活」というものが流行していると聞きます。男女が出会うパーティーや町おこしイベントなど、エンターテインメント性を持たせることで、結婚相手を探しながら楽しいひとときを過ごすというのは、なかなかグッドアイデアだと思います。

旧来のお見合い結婚と恋愛結婚、それぞれからいいとこどりをして、パーティーをしながら相手を探すのはなかなか面白いシステムですが、大事な結婚相手を探すという意味では注意も必要です。自然ななりゆきに任せた運命的な出会いと比較すると、実にお手軽な出会い方なだけに、人間性よりは条件で選びがちではないでしょうか。

ぜひ婚活イベントに参加する前には、**相手よりも自分をよく見て、本来の自分の姿を見つけることから準備をしてください**。

とくに短期決戦になりがちな婚活の場合には、自分のことをよくわかっていないと、相手をしっかり見きわめるための目を持てなくなります。

「自分のいいところ、悪いところはどこだろう？」

「自分はどんな女（男）なのだろう？　どの程度の女（男）なのだろう？」

そう自問自答して、人間としての自分の本当の姿をしっかり見つけ出しておくことが重要です。この作業をしてから婚活に臨まないと、男性であれば、相手の女性の胸が豊かだとか、スタイルがいい、美人だなどという表面的な外見、うわべだけを見てしまいます。

そのような表面的な部分に惑わされてしまうと、相手の人が秘めている腹黒さや気の強さ、抱えている悩みなどがまったくわからず、人間性の本質はまったく目に入りません。

婚活だけでなく、ふつうの恋愛においても、出会ってすぐにベッドインしてしまうような人が多くなっていますが、いい結婚や充実した恋愛をしたいのであれば、少なくとも**出会ってから三年程度はプラトニックな関係を続けて、じっくり相手を見きわめたほうがよい**でしょう。

人間関係というものは、三年ほどつき合うと相手の粗《あら》が見えてくるものです。

くり返しになりますが、婚活による結婚を成功させるためには、相手を探す前に、しっかり自分を探しておくことです。このプロセスなしでは、婚活はまったく意味がなくなります。

安易な婚活で結婚するくらいなら、やはり事実婚のほうがよいでしょう。

アメリカ人男性からこれは見習ってほしい

パートナーを選ぶときに、自分が相手に求めるもの、欲するものによって、人間性を見きわめる目が曇ってしまうことがよくあります。

たとえば、男性であれば、掃除、洗濯や食事の世話をしてほしい、女性であれば、ＯＬを辞めたいから高収入の人がいい、余裕のある暮らしができるだけのお金を持っている人がいい……など、愛ではなく取引条件を相手に求めている人は少なくありません。

しかし、それでは相手を愛するのではなく、利用するということになってしまいます。

これは愚かな考え方で、とくに金銭面の条件でいえば、たとえ結婚したときに相手が高収入であったとしても、それが一生続くかどうかはわからないものです。

資産が何億円もある青年実業家と結婚したのに、数年後には株で大損してしまい、多額の借金を背負ってしまったので離婚したらしい……などという醜聞《しゅうぶん》は、週刊誌やテレビでもたくさん目にします。「カネの切れ目が縁の切れ目」では、その人の人生はあまりに寂しいです。

また、日本人の男性には、男は外で働いて生活費を稼いでいるのだから、女性の仕事である家事や育児はやらなくてもいいと考えている人が、このご時世でも少なくありません。

その点、アメリカはまったく違います。

アメリカでは、男性が外で働くのは当たり前であって、奥さんが日々こなしている家事や育児も賃金で計算してみると相当な金額になるのだから、**家事や育児もしっかりシェアするというのが常識**です。

実際に計算してみると、旦那さんのサラリーよりも奥さんの家庭内労働のほうが高給に相当するという調査もあるのです。

この考えは、もっと日本人男性も見習うべきで、そうすれば奥さんはもっともっと幸せになり、女性としてさらに美しく輝けると思います。

また、旦那さんが稼ぐサラリーの半分は奥さんのものと考えることも、アメリカでは当然のことですし、仕事のつき合いだからといって、家族を放って会社の人とゴルフに行くとか、同僚や取引先と毎晩遅くまで飲み歩くといったことも、まったくナンセンスなことです。

給料も半分、家事や子育ても半分にシェアして、夜の団らんや週末の時間なども平等に、一緒に楽しく過ごすことを考えましょう。

たとえば、**奥さんが食事をつくってくれたら、旦那さんが積極的に食器を洗いましょう。**

そうすれば、その間、奥さんは自由な時間をエンジョイできます。

一日を終えて、ベッドに入ってからも同じです。

「今日は仕事で疲れているから……」

などといって、奥さんとのセックスを避けることも、アメリカでは、

「あなたはワイフを大事にしていない」

とジャッジされて、離婚裁判になれば高額の慰謝料をとられるのです。

日本は戦後の高度経済成長期に、

「男性は外で働き、女性は家と子どもを守って男性を支えるべきだ」

という歪んだ道徳を構築したのだと思います。

過度に仕事の比重が高いことを誇る「企業戦士」なんて、まったくのナンセンスです。少なくとも現代にはマッチしません。高度経済成長は、結果的に日本を世界第二位の経済大国にまで押し上げましたが、いまその社会はすでに疲弊し切っています。

経済競争に勝つことよりも、国民の真の幸福を実現すべきです。


結婚に話を戻しましょう。

結婚とは、それまでの生活習慣、育った環境、何もかもが違う赤の他人が一緒に暮らすことですから、そもそも楽しいことばかりではなく、さまざまな困難が起こるものであることをきちんと認識しましょう。

結婚はゴールインではなく、試練のスタートです。

しかし、その苦労をする価値は十分にあります。それは、パートナーとの時間があなたの人生を豊かなものにしてくれるからです。

異性にモテたければまず同性にモテよう

恋愛対象が異性である人であれば、男性は女性にモテたい、女性は男性にモテたいと願うことは当然のことでしょう。

「どうすれば、自分はモテるのだろう……」

そんな疑問を感じている人は、**「異性にモテる人は、同性にもモテる」という原則をしっかり認識すべき**です。つまり、女性にモテたい男性であれば、どうすれば同性の男性にモテることができるかを考えればよいということになります。

その根拠は、同性どうしは異性よりも相手の欠点がよく見えるからです。同性にモテようと努力することは、自分の欠点を発見し、それを正すことにほかならないので、結果としてとても勉強になるわけです。

そもそも、すべての人間はふたつの性を持っているので、男性の半分は女性ですし、女性の半分は男性です。

メインの性は、自分の親となるべき人を選んで、実際に生まれてくる瞬間に、

「私も子どもが産みたい……」

というような女性的なことを考えていると、女性として生まれてきます。

「プロ野球選手になって、メジャーリーグで活躍したい」

というような男性的なことを考えていると、男性となって生まれてくるのです。

同性にモテる人は、自分の中にあるふたつの性、その両方が魅力的な人なので、異性にもモテます。異性にモテたいと願うのであれば、表面的に見えている性だけでなく、もうひとつの性も美しく磨く必要があるのです。

要するに自分発見……**自分自身を知ることがここでも大事になる**ということです。


しかし、最近は相手を見るときはもちろんのこと、自分自身を見るときであっても、表面的な部分しか見ることのできない人が増えています。

「とにかく異性にモテたい！」

という欲望ばかりが先行してしまっている人は、異性にも同性にも逆に嫌われてしまうことに早く気づかなければいけません。そんな人がいくら見た目に気を使い、相手に媚《こ》びへつらっても、人としてモテることはないのです。

もちろん、若気の至りというものはあるので、さまざまな経験と失敗をくり返すことは、成長するプロセスとして必要です。

一〇代〜二〇代前半の若者は、どんどん思ったまま突き進めばよいでしょう。

しかし、つねにみずからを省みる努力は忘れないでほしいものです。

いつも自分自身をしっかり見つめながら、若いときから経験を重ねて、やがて年嵩《としかさ》となって落ち着いてから、人間性そのものを見る目が完成したときに、相手の胸の奥深くにある心が見えるようになります。

その心に触れたときに、芽生えるものこそが本物の愛です。

最高の自分を引き出すために

「あるがままが美しい」

というのは真実です。しかし、あるがまま、自然のままであることと、無関心や無頓着によって放置するのとは別のことです。

女性でいえば、まったく化粧もケアもせず、髪もボサボサでは、やはりその人の美しさが強く輝くことはありません。

たとえば、料理でいえば素材こそが命です。

新鮮で上質の素材がなければ、本当においしい料理はつくれません。しかし、**素材のままであれば、それはやはり料理ではなく、ただの食材にすぎません**。

一流の料理人がいい素材と対するときには、その素材の魅力を最大限に引き出すために、必要最低限のシンプルな調理をするものです。

日本料理の伝統的調理である刺身は、立派な料理であって、単なる魚の切り身ではないのです。素材のよさを引き出すための保存方法、処理の仕方、切り方、盛りつけ方、食べ方が備わってこそ、刺身という料理になります。

この刺身に過度な味つけをしたり、スパイスや調味料を多用してしまっては、素材のよさを殺してしまいます。

人間の魅力についても、同じことがいえます。

自分の魅力を引き出す身だしなみや装い、メイクアップをすることは大切です。

もちろん過度になってはいけませんが、女性でいえば身だしなみに気を配ったり、所作を美しくする作法を身につけたり、健康的な色気を演出する化粧をしたりはすべきでしょう。男性も清潔感のある服装を心がけるなど、意識ひとつで、簡単に自分をグレードアップできます。

そのためには、自分の魅力について知っておくことが必要不可欠ですので、この場合も自分自身をしっかり見つめて、つねに自分本来の姿を発見しておくことが重要です。

もし「別れよう」と思ったときは

人間は生まれてきた以上、いつかは必ず死にます。モノをつくれば、いつかは必ず壊れるように、始まりがあれば、終わりがあるのは真理です。

それと同じように、**人との出会いがあれば、必ず別れもあります**。

おたがいに恋しくて一緒になった男女が、いつの間にかそのときめきが薄れてしまい、相手に違和感を抱くようになる、ということも多いと思います。

しかし、この違和感はそのときに初めて感じたわけではありません。

実は出会ったときに、すでに感じていたのですが、それを恋愛感情のベールで包み込んでごまかし、努めて見ないようにしていただけなのです。

恋愛による魔法が解けるにしたがって、隠されていた違和感が現れたということです。

「こんな人じゃなかった……」

と感じたときにすべきことは、**ふたりのマインドを出会った瞬間に戻すこと**です。

もともと、ふたりは赤の他人です。違和感があって当たり前、異なるところだらけで当然なのです。もう一度、フラットな視点に戻って、相手の本当の姿を再確認するべきです。

その結果、

「やっぱり、こんな人じゃなかった……」

としか思えず、違和感が嫌悪感に変わりそうであれば、離婚という選択肢を選んでも仕方ありませんし、それはそれでハッピーな結果ではないでしょうか。

行きづまってしまった夫婦が別れることに、私は大賛成です。

ふたりがハッピーになれない、片方の人が無理をしなければ、結婚生活を続けられないような状態なのであれば、きれいに解消してしまったほうが人生は豊かになるでしょう。

離婚や別れには、なんとなく悲しいイメージがありますが、人生をリスタートするわけですから、新しい旅立ちの日となることに違いはありません。

いつまでもやせ我慢を続けて、ストレスやしがらみ、過去にしがみついて生きている人は、生きながらにして死んでいるようなもの。健康や美しさを失ってしまいます。

一度別れて別々の道を歩んだとしても、その結果、本当の自分の人生を生き切ることができれば、輝きをとり戻し、また相手の本当のよさをふたたび思い出して、もう一度ふたりの関係を修復することにつながることもあるかもしれません。

また、たとえそのまま別々の人生を歩むことになっても、

「君が離婚した元奥さん、最近きれいになったよ……」

と人づてに聞けるのは、決して悪いことではありません。

まず大切なことは、**ひとりひとりが伸びのびと生き切れるかどうか**です。

過去を見ていまを生きてしまうと、人間はどんどん疲弊してしまい、人間関係はギクシャクしてしまいます。

未来を見ていまを生きることで、人間は生きいきとして輝き、ふたりの結婚生活もエンジョイできることになります。

未来を見すえた結果、離婚という選択をすることは、前向きな生き方にほかなりません。それはきっと新しい人生の幕開けとなり、その人を成長させてくれるはずです。

それでも恋愛は人生を彩ってくれる

恋しいという気持ちが一方通行で、相手が自分に振り向いてくれない、気持ちに応えてくれないという片思いや失恋は、恋愛にはつきものです。

そのときには悲しい思いをしても、時間がたてば甘酸っぱい思い出に変わるもの……であるはずなのですが、残念ながら最近はストーカー行為に発展してしまう人が少なくなく、ときには悲惨な事件になってしまうこともあるようです。

なぜ人は、自分のことを好きでもない人に恋してしまうのでしょうか。

それは、おそらく勘違いの賜物といえるでしょう。

「彼が私のことをじっと見つめていた」

「雨が降ってきたら、サッと傘をさして入れてくれた」

「学校の帰りにアイスクリームをごちそうしてくれた」

などなど、もしかして自分に好意があるのではないか……と期待してしまう気持ちはわかりますが、多くの場合は勘違いで、たまたま視線が合った、親切心で傘に入れてくれた、自分だけ食べるのも気まずいので買ってくれた、というのが真実だったりします。

「もしかして……」

と期待しても、たいてい愛情から生まれたものではないのです。

これは失恋や片思いだけではなく、恋愛関係にあるふたりの間にも、多くの勘違いがあるものです。誰がいった言葉なのかはわかりませんが、

「恋愛とは大いなる勘違いである」

というのはいいえて妙で、恋をしている人には、相手のことがすべてよく映り、本当は嫌なことがあっても見ないようにしてスルーしてしまいます。

ところが結婚してしばらくすると、**その嫌なところが一〇〇倍になって感じられ、たちまち憎しみに変わってしまうこともある**ので、注意が必要です。

私の友だちにも、そんな夫婦がいました。

旦那さんは奥さんの黒いロングヘアーが大好きで、ひと目ぼれしてしまい、なんとか口説き落として結婚までたどりつきました。

新婚のうちは、彼の愛は続いていたのですが、数年たつと家のいたるところに落ちている長い黒毛がすっかり嫌になってしまったのです。そこで彼は奥さんに、

「ショートカットにすれば？」

そう水を向けてみたのですが、彼女からは、

「あら、どうして。あなた、私の黒髪が大好きだったじゃない？」

その後しばらくして、彼らは離婚しましたが、負のスパイラルにおちいる前に結婚状態を解消したことで、ふたたびそれぞれの人生をエンジョイできるようになり、ふたりとも友人関係に戻ってハッピーに暮らしています。

現在その奥さんは、素敵なショートカットになっています。


叶うことのない恋心もふくめて、恋愛は人生を美しく彩り、楽しくしてくれるスパイスのようなものですから、片思いや失恋を経験しても、**数日落ち込んだらすぐに忘れて、次の素敵な相手を探せばよい**でしょう。

「Ｈｅｒｅ ｗｅ ｇｏ！」

反抗期は親が成長するためにある

最近、子育てや教育のことを「子どもを管理すること」と勘違いしている人がとても多いように思います。

子どもといっても、ひとりの独立した人格を持った人間です。親といえども、まずは子どもの人格を認め、尊重することが大切です。

親としての使命は、少しでも早く自立した人間に育て上げること。子どもが心からやってみたい、挑戦してみたいと思っていることについて、チャンスを与えるのではなく、チャンスの場をともにすること。

そして、**悪戦苦闘してがんばっている子どもを遠くから見守ること**です。

私の両親は、生まれた瞬間から私の人格を尊重してくれて、私は一歳のときにはすでに自立していました。

というのは一歳の誕生日に、実家の診療所のスタッフや、父を慕《した》う人々、患者さん、近所の人たちなどからプレゼントを山のようにもらったのですが、**そのうちひとりのスタッフが一本**

の鍼をくれたからです。

この瞬間に、鍼灸をふくめた自然療法師としての人生は決まり、私はその道を歩みはじめたのです。そのスタッフが幼い私に鍼を渡すのを「危ない！」という人はいませんでした。

なぜなら、一歳の私は「鍼尖《しんせん》」と呼ばれる鍼の先を戸惑うことなく手にとったからです。

ふつう、鍼を持つときは「鍼柄《しんぺい》」と呼ばれる柄の部分を持つものですが、それでは鍼尖がむき出しになるので、子どもが手に持つには危険です。

「やっぱり、ケンちゃんは跡継ぎだね」

みんながそういってうなずくのを私はしっかり見ていました。

私のように一歳にして自立する例は、あまりないと思います。

七歳にして一度死んでしまい、その後四回も死んでしまうような私は、おそらくふつうではないので、もちろんみなさんのお子さんと比較する必要はありません。

子どもの精神的な自立度が高まってくると、子育てが難しくなる思春期や反抗期と呼ばれる時期が訪れます。

しかし、**これは子どもが大人になりつつあるプロセスですから、お祝いしてもいいほどハッピーなこと**です。

ヒーラーとして相談を受けてきた私の長年の経験でいえば、反抗期における子どもの主張は、親に対してが七五％ともっとも多く、残りの二五％が学校や社会などへの抵抗です。

つまり、子どもの反抗期とは、神さまが親の成長を促すものとして与えてくれたチャンスなのです。

私は臨死体験をするたびに天国に行って、いつも同じ神さまと会い、いろいろな話をしたのですが、その中で次のようなことを教わりました。

「**人が生きていくうえで経験する困難は、すべてその人自身の気づきのためにある、必要不可欠なもの**なのです」

つまり、反抗期の子どもによって思い悩まされること……それは、すべて親のためにある学びの機会であると受け止めなさい、と神さまはいっていることになります。

この時期の子どもたちは、

「この世の中は、自分の思いどおりにはならない」

ということを全力で学んでいるのですが、それは親も同じです。子どもは親の思いどおりにはならないことに気づけば、思い悩む気持ちは和らぐはずです。

自分の過去の経験だけで、

「常識では許されない！」

「子どもは、子どもらしくあるべきだ！」

などと感情的にいってしまっては、ますます子どもは反抗します。社会でつくられたものさしで、子どものいうことをジャッジしてはいけません。

親に反抗している子どもは、成長している証拠ですし、案外思ったままのことを素直に口にしているだけですから、自由に解き放ってあげて、あとは遠くから見守ればよいのです。

いらだつままにモノを投げたり、壊したり、親に向かって口汚く罵《ののし》ったりしてしまうのは、自分の素直な言葉や気持ちにフタをされて、そのやり場を見失ってしまうからです。

そんなときは、無理に言葉にせずに、自然の力に頼るのがよいでしょう。

一緒に海で泳ぐとか、山を歩くなど、なるべく大きな自然の中でともに伸びのびとした時間を過ごすことで、子どものいらだちは収まるものです。

広い原っぱを見つけて、一緒にゴロリと寝ころぶだけでも十分効果は見込めます。

親子関係というものは、**子どもに何かを与えるより、子どもとともに過ごすことが大切**であることを忘れないでください。

男女はセックスで宇宙へつながる

セックスは、とても大事なコミュニケーションです。男女が宇宙とつながる唯一の行為ですから、セックスレスになるということは自然から遠ざかることにほかなりません。

オーガズムと呼ばれる性的絶頂の瞬間には、男女ともにその魂が宇宙に一瞬飛んでいきます。昔の人はそのことがよくわかっていたので、昇りつめる瞬間のことを日本語では「行く」といいますし、英語では「Ｃｏｍｅ」といいます。

Ｇｏ ｏｒ Ｃｏｍｅですから、それは見ている視点が違うだけで、**宇宙に行くのか、宇宙へ来るのかということを言葉にしている**のだと思います。

セックスレスとなって、その機会から遠ざかるということは、自然や宇宙の真理から離れてしまうのでよくありません。

しかし、夫婦生活が長くなると、おたがいにセックスに向かうムードを損なうようなふるまいを日常的にしてしまうことが多くなりがちです。

旦那さんはいつも仕事に追われてばかり。家庭に戻っても会社の愚痴ばかりこぼします。週末になってもゴロゴロしてばかりで、疲れた姿を終始見せてしまいます。基本的に女性は、強い男性に惹《ひ》かれる本能がありますから、ヨレヨレの旦那さんを見ても性的欲求が高まることはありません。

一方奥さんは、家事や子どもの世話、学校の保護者とのつき合いなどで疲弊して、ストレスを発散するために食事の量が増えたり、いつもイライラしたりしています。セックスによって安らぎを得たいという男性の気持ちは、その姿を目にするたびに萎《な》えてしまうことでしょう。

このような倦怠期《けんたいき》と呼ばれる時期に差し掛かったときには、おたがいの努力で夫婦間の空気を変えていかないといけません。そして、セックスへと向かう男女の空気は、ふたりの努力しだいで十分とり戻せるものです。

男性とは、大人になっても子どもの精神を持ち合わせているものです。その子どもの精神と好奇心を前面に出して、思うままにエンジョイして楽しむことが大切です。

会社の人と飲みに行ったり、週末につき合いのゴルフに行ったりするのではなく、**妻として迎えた好きな女性との生活をもっともっと楽しむ**ことです。

休みの日には家でゴロゴロするのではなく、奥さんと一緒に散歩に出かけたり、買いものをしたり、ときには一緒に台所に入って、会話をしながら食べたいものをつくるのもよいでしょう。

家事や育児をふたりでシェアするだけでなく、一緒にすることで、同じ時間を過ごす。すると、母親や妻の顔から、少しずつ女性の顔へと変わっていきます。

そんなふたりの時間をとり戻せば、きっと宇宙につながる夜が訪れるはずです。

「わかったつもり」をやめると老後は楽しくなる

定年を迎えてから、八〇歳を超える平均寿命まで、最近の老後は二〇年間以上にも及ぶ長い時間となりました。もちろん、このことは大変よいことです。

しかしその半面、旦那さんが退職した瞬間に、奥さんから離婚届を突きつけられるという熟年離婚も増加しています。

「せっかくの老後生活だから、こんな男の顔なんて見ずに楽しく過ごしたい……」なんて奥さんに思われてしまうのは、せつないものです。

若いころのような燃える恋愛ではないけれど、穏やかで温もりのある人間関係を楽しみ、落ち着いた幸福感の中で時を過ごす。

そんな夢のような老後を実現するためには、まずは自分自身のことについて知り、それを愛することが大切です。自分をしっかり愛したうえでパートナーを見て、好きなところや尊敬できる部分を再確認することができて初めて、生涯相手を慈しみ続ける気持ちが生まれます。


パートナーが愛する、趣味の世界に飛び込んでみるのもよいでしょう。

たとえば、旦那さんが囲碁好きであれば、一緒に碁会所に足を運んでみましょう。もちろんルールを教えてもらって、プレイできればベストです。

一方の奥さんがヨガ好きであるならば、旦那さんもヨガスタジオへ見学に行ってみようではありませんか。健康にもたいへんよいものですので、挑戦してみてもよいでしょう。

思い出してください。

ふたりが出会ったころは、なんでも一緒にやってみたかったはずです。

「この人と一緒にやると楽しい！」

そう思っていたはずです。好きな人と出会うことで、好きなものが増える……これこそ恋愛や結婚をする最大の意味でもあります。

好きな人との出会いとは、世界を広げ、人生を奥深くしてくれる魔法のようなものです。

仏頂面《ぶっちょうづら》をして、洗濯物をたたんでいる奥さんに、

「ちょっとだけ碁会所につき合わないかい？　一時間でいいんだ。そのあと、たまには軽く居酒屋で飲もうよ」

なんて誘ってみてはどうでしょう。

もしかしたら、奥さんの表情がみるみる女性らしく変わって、あのころを思い出すような瞬間がまた訪れるかもしれません。

もし、退職後の時間を持て余して、旦那さんがゴロゴロしてテレビばかり観ていたら、さげすむような言葉を投げるのではなく、まずは一緒に寝転がってテレビを観てみましょう。

「何が楽しいのかと思ったら、このテレビ番組、面白いのね。でも、ずっとゴロゴロしていると身体が疲れない？　ねえ、ヨガ教室に一緒に行こうよ。身体がほぐれて楽になるわよ。インストラクターの先生も美人だし……」

そう誘ってみると、旦那さんは案外張り切ってしまうかもしれません。

夫婦とは、長く一緒にいるとおたがいわかったつもりになってしまうものです。

わかったつもりになるのではなく、おたがい歩み寄って、ともに何かをエンジョイできれば、熟年離婚などという不幸におちいることはなくなるはずです。

愛し合っている男女は、子どもや青年、中高年、高齢者であるにかかわらず、ともにいて一緒に何かをしたいと思うものです。身体が変わるだけで、心は同じなのですから。

「独りのほうがアイツも気楽だろう……」

などといって、相手の気持ちをわかったつもりにならず、自分の世界に誘い、相手の世界に寄りそう気持ちが老後を楽しくしてくれるはずです。

第4章
自分の身体を愛する

病気は神さまからの、
大切なメッセージ。
耳をすましてみよう。
どんな声が聞こえてくる?

これが「がん」の正体だ!

現代人が「生と死を分ける重大な病気とは?」と問われたときに、真っ先に頭に浮かぶ病名はがんではないでしょうか。

たしかにがんに罹患する人は増加の一途をたどっていますし、それによってこの世を去る人もまた決して少なくはありません。

がんといえば、医師による余命の宣告がつきものです。

「残念ながら、末期がんです。余命は六か月、長くても一年ほどと考えてください」などと神妙な顔をした医師が、すっかり弱り切った患者さんに告げるシーンは、日本中の病院で毎日見られることと思います。

しかし先述したように、人の命は医師によって決められるべきではなく、医師のいう余命など不確かな想像にすぎないので、みなさんは決して信じないようにしてください。

がんだけではなく、**ほぼすべての病気、病名は、西洋医学をビジネスとして考えている医療界がつくり出したもの**で、実際には存在しないものばかりなのです。

突然、そんな話をされても、信じられないことでしょう。

「ドクター・ケンはクレイジーだ！」

そう非難する人もいるかもしれません。しかし、これは真実です。

人間の身体は、ほとんどが水でできています。

すでに述べたとおり、人体には恒常性という性質があり、身体を一定の状態に保つようにできています。身体のどこかに不具合があれば、自然治癒力によって修繕するように、もともとプログラミングされているのです。

その不具合――つまり「症状」とは、**人間が病気にならないように神さまがつくった警報装置のようなもの**であって、病気そのものではありません。

ビッグマネーを生み出す一大産業として、医療を利用しようとする医療関係者たちが、

「あなたは、がんです」

「糖尿病ですね」

などと決めつけることで、手術などの医療行為や化学的に生成した薬を高く売りつけようとしているにすぎないのです。だまされてはいけません。

では、一体がんの正体とはなんでしょう？

たとえその答えを知っている人でも、ひとたび真実を語れば口を封じられてしまうので、みんな話そうとはしません。

しかし、過去にひとりだけ、がんの正体を発表してしまった人がいます。名前は書けませんが、西洋医学を修めている医師で、ある専門分野の大権威ともいえる人物です。

その先生は、がんについてこう述べました。

「がんは、がん細胞が増殖することで起こるものではない。**その正体は、先祖返りだ**」

先祖返りとは、親ではなく、祖父母以前から数えて何代も前の先祖が持っていた遺伝上の形質、特徴がその人に突然現れることをいいます。

たとえば、髪質の特徴です。両親がどちらも直毛なのに、突然「天然パーマ」と呼ばれるくせ毛の女の子が生まれたとしましょう。

くせ毛は、両親のどちらかがくせ毛の場合、優性遺伝といって、子どもに出やすいといわれています。しかし、両親が直毛なのに、クルクルのくせ毛の持ち主が生まれてくることは、ままあります。祖父母やそれ以前の遺伝的特徴が、突然、現れた形です。

これが、先祖返りと呼ばれるものです。

身体の不調は神さまからのメッセージ

がん細胞と呼ばれる細胞の先祖返りは、もっとはるか昔に端《たん》を発します。

いまから六〇～七〇億年も昔の話です。

この時代に、地球上に「解糖系《かいとうけい》」と呼ばれる、糖分をエネルギーに変える性質を備えた細胞が生まれました。いまの生物のほとんどが、この解糖系のエネルギーシステムを持っているのは、このときが始まりです。

このときに生まれた細胞は、いまの人間のように温かい体温も必要としませんし、酸素も必要としませんでした。まだ、大気の中に酸素がなかった時代ですので当然のことでしょう。

この生命の創成期のお話を、私は五回の臨死体験のときに神さまから聞きました。

「もっとさまざまな生物が生まれたほうがいい。そして、地球をすべての生物に平等な環境にしたほうがいい」

そう考えた神さまは植物をつくり、その植物が光合成を行なうことで、大気中に酸素が発生することになりました。

次に生まれたのは、この酸素と温かい体温を必要とするミトコンドリアです。

ミトコンドリアとは、細胞の中にあるもので、生物のエネルギーを生み出します。このミトコンドリアと解糖系細胞が合体して、進化を重ねた生物こそが私たち人類なのです。

がんという症状を治すためには、断食が有効であるということはすでに述べました。その根拠にも深く関係するのですが、**がんという症状を引き起こす人は、酸素を使いすぎているケースがほとんど**です。食べすぎや飲みすぎなどの不摂生が続くと、糖を燃焼させるために大量の酸素を使います。

このときに生まれるものがフリーラジカル……つまり、活性酸素です。あえて西洋医学的見地からお話ししても、がんは細胞の酸化（＝老化）が原因とされていますし、その酸化の原因となるものこそがフリーラジカルです。

「がん予防のために、抗酸化作用のある野菜やくだものを摂りましょう」などというのは、このフリーラジカルによる悪影響を抗酸化作用によって抑えようというアイデアによるものです。

がんという症状が先祖返りであるという根拠は、まさにここにあります。食べすぎや飲みすぎ、ときには寝不足なども関係しますが、酸素を使いすぎると、もともと酸素を必要としてい

なかった解糖系細胞が、

「調子が悪いな。神さまがいまの地球をつくる以前の、酸素も体温も必要としない状態に戻りたいな……。戻ろうかな……」

と考えて、一部の細胞が酸素のない時代に埋め込まれた遺伝情報を呼び起こそうとする……これが本当のがんの正体である「細胞の先祖返り」なのです。

つまり、がんという症状が現れたときに処置すべきは、「治す医療」としての抗がん剤治療や放射線治療ではなく、「治る医療」として酸素の使いすぎを抑えるべく断食をしたり、食生活を少食に改めたりする生活習慣の改善にほかなりません。がんという症状は、

「あなたの生活習慣はこのままではいけません。病気になってしまうので、その前に改善しましょう!」

という警告であり、サインにすぎません。決して病気などではないのです。

抗がん剤や放射線によって、

「がんが治った!」

と思っている人は、その人の白血球……マクロファージやリンパ球、顆粒球《かりゅうきゅう》などの免疫系のパワーが強靭《きょうじん》であったため、人間にとって猛毒の抗がん剤や放射線に打ち勝つことができただけで、がんを抑えたわけではありません。

当然、私のように生活習慣の改善を指導するだけでは、ビッグマネーは生まれません。

しかし、がんという病気をつくり出して、抗がん剤や放射線治療を患者に売れば、巨万の富を叩《たた》き出す産業が生まれるのです。

みなさん、しっかり真実を見きわめて判断してください。誰ひとりとしてがんを完全に治せる他人はいません。ご自分のみです。

がんに限らず、身体の不調を覚えたときに大切なことは、とりあえず休養してみること。そしていったん立ち止まって、自分の送ってきた生活習慣を振り返ってみることです。

たいていの症状は、**酸素の使いすぎを抑えて、体温を少し上げることで九九％治ってしまいます**。

「病気といわれる症状は、神さまが与えてくださった気づきである」

このことを忘れないでください。

肥満は大企業とメディアがつくり出した？

食べすぎや飲みすぎ、運動不足が健康によくないということは、いわずもがなでしょう。あらゆる生活習慣病の原因となる肥満は、現代社会が生み出した歪みそのものといえます。コンビニエンスストアやスーパーマーケット、食品メーカー、レストラン……食に関連するありとあらゆる企業は、とにかく少しでも多く商品を売ることに必死です。メディアを使った広告戦略をはじめ、さまざまな手を使って、私たちを過食へと導こうとしています。また、過食によって不健康な人が増えれば、医療業界も潤うので、

「食べすぎや飲みすぎ、運動不足に注意しましょう！」

と表ではいいながら、その裏では、

「どんどん食べろ！　どんどん飲め！」

といっているようなもので、それがこの世界の正体です。

アメリカの家庭では、一人前ずつワンプレートに盛るのが習慣です。一方、日本の家庭は多くの料理を並べて、各自が小皿などにシェアして食べることが多いようです。

日本人の料理をシェアする習慣は、ひとつひとつは少しずつでも、自然にとる回数が増えてしまい、結果的には食べすぎてしまいます。

これは日本人の悪い習慣なのでやめましょう……といいたいところですが、昔の日本人は、お膳に一人ぶんずつ料理をのせて食べていたものです。

この悪習は、戦後の高度経済成長期に生まれたもので、**食品業界、医療業界が過食させるためにつくり出したものである可能性があります**。

油断をすると、いつの間にか消費者の脳がコントロールされてしまうので、くれぐれもメディア戦略に踊らされないように注意しましょう。

ちなみに、私は料理のシェアは大嫌いです。

「ドクター・ケン。これおいしいよ！　ぜひ食べてみて」

といわれても、

「ノー・サンキュー！　僕は味を変えたくないんだよ」

と断ってしまいます。アメリカでは、断ることは決して失礼なことではありません。

ただし、日本に来たときには無下《むげ》に断らずに、少しずついただいたほうがみなさんが喜ぶのでそうしています。これは、おつき合いの作法の一環です。

しかし、このような人づき合いも日常的に続くと健康によくありませんので、きちんとダイエットしたい人は、おつき合いの場を減らすことも考えたほうがいいでしょう。

肥満を予防・解消するために、私が患者さんにもっともお勧めしている方法は、**朝食かディナーのどちらかを抜くこと**です。

空腹がつらいのは最初の三日間だけ。誰でもすぐに慣れてしまいます。

多くの日本人は、胃腸が過食によってふくらんでしまっています。これは、三～四日断食するだけで、すぐに縮んで本来の大きさに戻りますので、その後はしっかりブレーキがかかってリバウンドすることがありません。

この「食べすぎブレーキ」をとり戻すことが、ダイエットはもちろん、健康的にも大変重要です。このブレーキさえとり戻せば、苦しむことなく、誰でもすぐにダイエットできてしまいます。

心身ともにつらいダイエットは、過度のストレスがかかります。リバウンドの原因となりますので注意しましょう。

肥満体にならないためには、適度な運動習慣も欠かせません。

私はウォーキングが大好きですが、みなさんにもお勧めです。

私の場合、朝は三〇分、夜も三〇分、それぞれ地下鉄の駅まで歩いています。トレーニング・ジムのウォーキングマシンで歩いたり、ランニングしたりするのはストレスが多いので、あまりお勧めできません。

「犬も歩けば棒に当たる」

といいますが、外の世界を歩かないと人生における楽しい出会いもありませんし、世の中を見通す先見の明《めい》も身につきません。

外を歩くと、さまざまなものが目に飛び込んできて、脳がよい刺激を受けます。

「この家のお庭は素敵ね！」

「こんなマンションは住みたくないなあ」

そんなことを考えるだけでも、脳の体操になるのです。

自分自身の魅力に目覚めるような素敵な気づきも転がっているので、**ぜひウォーキングは外の世界で楽しむようにしましょう**。

ダイエットを成功させるためには、モチベーションも大切です。

「健康になりたい！」

「病気になって、家族に心配をかけたくない」

そんな切実な気持ちがあればすんなり続けられますが、

「太っているのは、ちょっと恥ずかしい……」

「もう少し格好よくなりたい」

という程度では、なかなか続きません。私がみなさんに声を大にしていいたいのは、

「人生において何をしても自由だけど、健康だけは失うな！」

ということです。

病気になると、たちまち病院や医師の思いどおりにされ、薬づけ治療を受けることになります。結果、命を落とす可能性があるので気をつけましょう。

いくつになっても髪は生えてくる

あまり知られていないことですが、薄毛の人は往々にして腎臓のチカラが弱まっています。

最近、日本のメディアでは、

「このハゲーッ！」

と自分の秘書を怒鳴りつける、失礼な国会議員が話題になったそうですが、そのような人の下で働いていては、ストレスによって腎臓はますます弱ってしまいます。

薄毛を予防、解消したくても、ケミカルな育毛剤などをつけるのは絶対にやめましょう。

あんなものが効くのであれば、とっくの昔に薄毛の人はいなくなっているはずです。

おすすめの方法は、**あまり甘くない味つけで昆布としいたけを煮て食べることと、とにかくブラッシングをして頭皮の血行を促すこと**です。

たとえ、髪の毛がまったくなく、ツルツルの頭であってもブラッシングすることが大切です。

以前、私の診療所にいらしたスペイン人の患者さんは、薄毛に悩んでいました。

私は、食事療法とブラッシングを教えたほか、彼の頭にごま油を塗って、頭皮をしっかりマッサージしてあげました。

この日から、彼は食事に気を使い、毎日ブラッシングとマッサージに励みました。

しばらく会わなかったのですが、ある日、ニューヨークのとある交差点で彼と待ち合わせることになり、その場所で待っていると、まったく見覚えのない人が現れて、

「ハイ！　ドクター・ケン！」

と大声で呼ばれました。

「一体、彼は誰だ？」

そういぶかしみつつよく見ると、なんとツルツルだった彼の頭に、髪の毛がフサフサに生えているではありませんか。

彼の隣には、若くてかわいいガールフレンドまでいて、

「髪が生えただけでなく、どうもあっちのほうも元気になっちゃってさ……」

そういってウインクした彼でしたが、これは頭皮の血行がよみがえり、腎臓も元気になった証拠ですから、何も不思議はないのです。

私がお勧めしているおなじみの「体操」

ウォーキングがおすすめなのは、前述のとおりです。もちろん、ジムではなくて外を歩くこと。街中でもいいのですが、時間が許すときにはぜひ大自然の中を歩いてみましょう。

人間は動物の一種ですから、そもそも自然の中で生きてきました。自然による癒しの効果は、何よりも偉大なものであることを忘れてはいけません。

さらに筋力トレーニングも、大変いい運動法です。

ただし、身体に無理のない範囲で行なってください。

もっともお勧めなのは、ラジオ体操です。NHKでおなじみのラジオ体操は、自然療法師としての目で見ても完璧といえるほど、とてもよくできている運動プログラムです。一日一〇分だけでも、大きな効果があります。

「ラジオ体操なんて軽すぎる……」

そう思っていると、びっくりします。一見簡単に思えますが、初めてやると意外にも、

「あれっ！　首がうまく回らないぞ……」

なんて、ふだんの生活では気がつかない衰えに驚くこともしばしば。しかし、衰えた部分をチェックできるのはとてもよいことです。

ラジオ体操第一、第二と、すべてをしっかりできれば、みなさんの体力は十分残っていて、身体の調子もよいと思っていいはずです。

きっと、あのラジオ体操はお金もうけではなく、本当に日本人を健康にしたいというマインドで開発されたものなのでしょう。健康的な発想でつくられたものだからこそ、本物の運動プログラムとして、いまも愛されているのだと思います。

たちまち不眠を解消する方法

「夜、しっかり眠れない……」

というのは、大変つらいものです。

不眠を解消するために、もっとも効果的なのは玉ねぎを食べることです。

生で食べるのが理想的ですが、軽く炒《いた》めてもよいでしょう。ただし、玉ねぎを炒めるときは、なるべく油を使わないほうが賢明です。

また、玉ねぎの香気を吸うことも効果があります。

大きな玉ねぎを一個用意して、その半分を食べ、残りの半分は細かく刻んで皿に盛り、枕の横に置いて寝るとよいでしょう。

玉ねぎの香気成分には、人間の中枢神経を落ち着かせる効果があるので不眠に効きます。一晩香気を放った玉ねぎは、朝起きてから軽く水洗いすれば食べられます。

不眠の原因には、スマートフォンの普及も無関係ではありません。

最近は寝床に入ってから、スマートフォンをいじっている人が多いようですが、電磁波による悪影響を受けてしまいますし、自律神経のリズムも狂わせてしまいます。

近年生まれた最悪の習慣のひとつですので、絶対やめたほうがいいでしょう。

以前、スマートフォンによる電磁波の悪影響を調べようと思い、ポケットに入れて三〇分ほど歩いてみましたが、たちまち腰が痛くなってしまいました。

それほど悪い影響を受けてしまうものなので注意してください。

また、スマートフォンによるインターネットのやりすぎは、脳の健康も損ねてしまいます。

まったくおすすめできません。

それでも、まだ日本人が救われているのは、身体を形成している水が海水に近いため、有害な物質を除去してくれるからです。真水で形成されている多くのアメリカ人は、**スマートフォンの悪影響で次々と脳の病気になっています**。


さらに夕食の量を減らすことも、不眠の解消には効果的です。

夕食に油ものを食べてしまうと消化に時間がかかってしまい、睡眠中でも身体が休まりません。

脂質の少ないさっぱりとした食事の場合は、その消化時間は四時間程度ですが、油を食べるとその二倍、八時間程度かかってしまうのです。

夕飯に脂質の多いものを食べると、睡眠中でも胃が働き続けてしまい、その胃の働きが脳を刺激してしまうので脳は休むことができません。

この状態では、いくら長く眠っても身体は休まらないのです。

夕飯はさっぱりしたものを少量食べる、もしくは抜いてしまうのがベストです。

つらい更年期障害をやわらげるには

更年期は、老いを迎えつつある女性にとって、とても大切な期間です。

この時期にともなう身体の不調、いわゆる更年期障害はたしかに苦しいものです。しかしそれは、

「**もう子どもを産む必要はありませんよ。これからはもっと楽になって、自分自身の人生を豊かに、幸福にすることだけ考えましょう**」

という神さまからのメッセージにほかなりません。

つまり、出産するということは女性にとって大事業ですから、その役割を終えて自分のため

に生きられる時期に移行するのが更年期です。

つらい更年期障害をやわらげるために、もっともいいのはやはり断食です。食事をすると、どうしても体内で炭酸ガスと水素が発生してしまいます。炭酸ガスはデトックスして排出することができますが、水素を排出すのは難しいものです。

水素はH、酸素はO_2といいますが、Hが発生すると身体が必要とするO_2と結びついてしまい、それはH_2O——水となります。つまり、水素をデトックスするときには、酸素を余計に使って水という形に変化させなければなりません。

このときに、肝臓に大きな負担をかけてしまうのです。

この負担が、がんと呼ばれる症状をつくったり、更年期障害を生み出したりします。

しばらく断食すれば、肝臓へのダメージが軽減されますので、人体の解毒能力がアップし、更年期障害のつらさも軽減されます。

食事をするときには、つねに少食を心がけ、なるべく脂質の多いものを避けて、過度の飲酒や夜ふかしも控えるようにしましょう。

更年期とは、女性が自分自身と向き合うために、神さまがつくり出した時間です。

最近の日本では、男性の更年期も問題になっていると聞きますが、それも然《しか》り。

ゆっくり好きな本を読む、ヨガやウォーキングで伸びのびと身体を動かすなど、健康的かつ知的な趣味をぜひ楽しんでください。

そうすれば、更年期は神さまからの素敵なプレゼントに変わるはずです。

「ドクター・ケン流」アンチエイジング

自分でいうのは、少々恥ずかしいものですが、

「ドクター・ケンは、とっても若々しいね！　とても七七歳には見えない……」

とよくいわれます。

「何か特別なアンチエイジング法を実践しているのですか？」

「若く見えるファッションやメイクアップの秘訣《ひけつ》は？」

などと聞かれることもありますが、特別なことをしているわけではありません。

もちろん整形手術もしていません。そもそも人体にメスを入れる手術なんて、どんな病名を告げられようが絶対しません。

みなさんがいってくれるように、もし私が本当に若々しく見られているとすると、それはきっと**多くの若い友だちとつき合っていることが影響している**と思います。

診療所のスタッフはもちろん、ふだんつき合いのある友人は、そのほとんどが三〇〜四〇代です。私は七七歳になりますので、ほぼ半分の年齢の人ということです。うんと年下の友だちをたくさんつくると、会話の内容や余暇の楽しみ方などに刺激的なことが増えて、パワーが湧いてきます。しかも、自分とはまったく異なる職業、異なる文化圏に住んでいる人だと、さらによいと思います。

私の友人は、歌手やダンサー、ヨガのインストラクター、プログラマー、デザイナーなど、医療業界とはまったく関係ない人ばかりです。

私は、医師には必ず嫌われる運命ですし、医療関係者とつき合うことはほぼありません。

たしかに同年代、同業者とのつき合いは、話題にも共通項が多く、コミュニケーションが楽かもしれません。私の世代でいえば、年金問題や老後の不安、病気や身体の不調などが定番ネタとなりますが、**そんな話ばかりをしていると、新しい人生を切り開くようなチャンスは巡ってきませんし、楽であっても楽しいことはありません。**

私の奥さんは四〇代ですので、日常生活の中にも若い人の感覚が満ち満ちています。

たとえば、彼女と結婚する前には、私はジーンズをはきませんでした。

しかし、生活をともにするようになると、彼女が、

「絶対似合うから、はいてみなよ！」

とジーンズを勧めるようになりました。初めのうちは、

「こんなのはけないよ！」

と拒否していたのですが、彼女の勧めるままに足を通してみると、とても楽ですし、丈夫だったのです。もちろん見た目も若返り、自分で見てもなかなか格好よく思えるようになり、いまではジーンズが大好きです。日本での講演会ももっぱらジーンズ姿です。

このように、年下の人からさまざまな刺激を受けて、それを自分の生活にとり入れることで、考え方がフレッシュになり、若々しさを保つことができるのだと思います。


もうひとつ、自然療法師の観点から、人の外見を若返らせる方法をお教えしましょう。

それは、**身体の細胞を酸化させない生活習慣を送ること**です。

とくに、断食と少食の習慣を中心とした食生活のコントロールがきわめて有効です。

私自身、一か月に最低二回、週末を利用して断食をします。

自宅のあるニューヨーク近郊の山間部から、スーパーやレストランのある街に行くためには、車で四五分ほど運転しなければいけません。

「面倒くさいから、食べるのをやめよう！」

そう発想を転換して、週末を自然に断食できるチャンスに変えてしまうのです。

断食をするたびに脳はフレッシュになりますので、次々とさまざまなアイデアが湧いてきます。身体はもちろん、精神的にも元気になります。すると、フットワークも軽くなって、なんでも自発的にサッとできるようになるのです。

私は何か思いつくと、すぐに腰が浮くように立ち上がり、なんでも自分でやってしまうのですが、それは腎臓が元気な証拠でもあります。

足腰の軽さ、丈夫さには、腎臓の状態に深い関係があるのです。

その人がアクティブであるかどうかに、年齢なんてまったく関係ありません。実際、五〇歳の人と七五歳の人を比較してみても、肉体的な差などほとんどありません。肝心なことは、その人自身がどのように考え、どのように動くかだけです。

私は何か思い立った瞬間に、サッと腰を上げてしまう性分です。これも、若々しくいられる大きな理由だと思います。ぜひみなさんも、「誰かほかの人がやってくれるかな……」などと考えず、なんでも自分でやってしまいましょう。そのほうが人生は楽しくなると思います。

一〇〇歳以上の長寿者に共通する特徴とは？

私はこれまで、一〇二三人に及ぶ一〇〇歳以上の長寿者とお会いしてきました。みなさんの共通点は、すばらしく頑固者であるということでしょう。ここでいう頑固とはもちろんいい意味で、「自分をしっかり持っている」ということです。

一〇二三人のうち、ひとりの例外もなく、自分のやり方を押し通すパワフルな方々ばかりでした。

つまり、自分自身を大切にするからこそ、長生きできるのではないでしょうか。

さまざまな情報があふれている現代社会で、自分を見失うことなく、みずからの考えにもとづいて生き抜くことは簡単ではありません。

テレビやラジオ、新聞や雑誌、インターネットなどを通して、まるでシャワーのように浴びせられる広告宣伝にも踊らされることなく、一〇〇年以上の日々を自分が考えるまま、信じるままに生きてきたからこそ、長寿者になれたに違いありません。

物わかりのいいおじいちゃん、自分よりも他人のことを考える優しいおばあちゃん……そんな高齢者像は美しいかもしれませんが、残念ながら長生きするには向いていない性分であるといわざるをえません。

そもそも美しい高齢者像など、若い世代が自分たちに都合よくつくり上げた虚像にすぎないともいえるでしょう。

ご家族など周囲の人は、**おじいちゃん、おばあちゃんがわがままで、頑固であることをぜひ歓迎してあげてください。**

長生きできるということは、とてもいいことです。もちろん意味もあります。

長生きするということは、生まれたときの状態に戻ることでもあります。生まれることは、死ぬことと同じです。人それぞれ寿命は異なりますが、その間の時間こそが人生です。

私は五度の臨死体験を通して、生と死の関係性、その狭間《はざま》の世界を見てきました。

その経験でいえば、寿命は人それぞれで、**七歳で人生の使命を完成する人もいれば、一〇〇歳で完成する人もいます**。どちらも天寿をまっとうしていることにほかなりません。

「なんで、そんなに早く逝ってしまうの！」

早逝《そうせい》する若い命を前にすると、多くの人がそういって悲しみますが、その死が寿命である限り、どんなに早逝でも人は人生を完成して死にます。

この死生観は、人間のものさしで測る寿命とは異なります。

たとえ、生まれてすぐ死んでしまう子であっても、その子は生まれてすぐに人生を完成したのだと考えるべきです。

人生の時間が長ければ、そのぶんさまざまな面白い経験ができます。

その経験を活かすことで周囲の人によい影響を与えるのが、長生きした人の使命といえるでしょう。

第5章
この世を「天国」にする

自分だけ幸せになっても、
つまらないよね。
「幸福の果実」は、
みんなでシェアしよう！

成功したセレブたちの共通点とは?

ニューヨークにある私の診療所には、ハリウッドスターや世界的なミュージシャン、アーティスト、メジャーリーグやプロバスケットボールの選手など、さまざまな世界のスーパースターが数多くいらっしゃいます。

いわゆるセレブという人たちです。

私はテレビや映画をほとんど観ないので、診察時にはその患者さんが著名人であることなどまったくわからず、診察後にスタッフにいわれて初めて気がつきます。もちろん、診察室では誰であっても同じひとりの患者さんですので、えこひいきすることもありません。

それどころか、ワンちゃんも、ニャンコも同じ患者さんですので、ときにはハリウッドスターがワンちゃんの後ろで待っているということもあります。

これはとても当たり前のことで、自然なことだと考えています。

しかし、ある世界で大きな成功を収める人というのは、やはり一般の人にはない特徴を持ち合わせているようです。

その特徴とは、**彼らは非常に感謝の念が強いということ**。

ひとつの世界で大きな実績を残して、結果として著名人となるには、自分自身を愛し、かつあらゆるものに感謝することが必要不可欠なのでしょう。

第1章でお話ししたとおり、もっとも大事にしなければならない「自分自身への愛」というベースがしっかりしているということです。

自分自身を愛することができる境遇と運命に感謝して、みずから信じた道を突き進むことができれば、当然いい結果が出て、その世界において輝く存在になれるのです。

私も自分自身を愛し、愛せることに深く感謝して、「治る医療」への道を究《きわ》め続けています。

その結果としていただく名声は、荒野に上がる狼煙《のろし》のようなもので、ほかの人の目に必ず届きますし、私の力を必要としてくれる人々が自然に集まってきます。

もちろん努力は必要です。

名前は出せませんが、あるとき私は知人の女性の話す声を聞いて、その波長の美しさに感動したことがあります。

「あなたは、素敵な話し方をしますね！」

そう、彼女にいったのです。

そして、ある日のこと。彼女と一緒にカラオケに行く機会があって、その歌声を初めて聞きました。彼女の歌声は音程が外れているのにもかかわらず、とても美しい旋律として私の耳に届いたのです。

「あなたは、歌手になったほうがいいんじゃない？」

彼女は、このアドバイスを受けて、さっそく歌の練習を始めたそうですが、**驚くべきことに、やがて本当に有名な歌手になってしまいました**。

自分のよさに気がついて、そのよさを大事にする。そしてそれを磨き続けていれば、やがて成功を手にすることができるかもしれません。

逆にいえば、自分が見えていないと、自分のよさに気づくことができないので、いくら必死にがんばっても芽が出ないということも起こります。

頭で考えて、気づいたつもりになっていても意味がありません。

しっかり自分自身を見つめて、自分自身を愛しながら、何かに没頭するうちに気づくことができるかどうか。それが成功のポイントです。

ドクター・ケンのひそかな趣味

私の最大の趣味は、ハミング・コンポジション（ハミング作曲）です。

文字どおり、鼻歌で作曲するというもので、頭に浮かんだメロディをハミングして曲をつくり、その曲をピアニストさんにロイヤリティをお支払いして、きちんとした形にしてもらうのです。

あまりくわしく話せないのですが、私がハミング・コンポジションした曲をプロの作曲家に売ることも少なくなく、**その中の一部の曲は、みなさんがよく聞いたことのある日本の歌にもなっています**。

一時期、問題になりましたが、つまりはゴーストライターのようなものでしょうか。

あくまで趣味で行なっていることですので、お金目的ではありませんし、実際、大した収入にはなりません。

しかし、これはとても楽しいものです。

たとえば料理が趣味の人は、自分がつくった料理を誰かに食べてもらいたいでしょうし、その味についての評価も聞いてみたいのが人情ではないでしょうか。それと同じで、せっかく気に入ってつくった曲ですから、私はみなさんに聞いてほしいですし、その評価も聞いてみたいのです。

この趣味によって稼いだ収入は、貧困で食べるものに困っている人などに寄附するようにしていますので、そうした方々にもよろこんでいただければ、私の幸福感はダブルになります。

みんなでハッピーになれる……ということ以上に楽しいことはありません。

私が感銘を受けた映画『パピヨン』

もうかなり昔のことになりますが、『パピヨン』というハリウッド映画を観て、私はとても感動しました。『パピヨン』は、スティーブ・マックイーンとダスティン・ホフマンのダブルキャストで描かれた、実話をもとにしたストーリーです。

スティーブ・マックイーンが演じる主人公は泥棒で、胸に蝶のタトゥーを入れていることからパピヨンと呼ばれているのですが、仲間に裏切られ、濡れ衣を着せられ、終身刑の判決を受けてしまいます。

無実を叫びながらも崖の上の刑務所に投獄されたパピヨンは、ろくに食事も与えられず、衰弱していきます。そのとき、彼の目の前にゴキブリが現れて、彼がそれを捕まえて食べるというシーンが印象的でした。

そのゴキブリの栄養がパピヨンにパワーを与えて、断崖絶壁を飛び降りて、脱獄に成功するのです。

私は、死後の世界で神さまに会ったときに、

「人間が最後に口にすべき食べものは、一体なんでしょう?」

と聞いたことがあります。神さまの答えは、

「ふたつあります。ひとつは空気です。もうひとつは……ゴキブリです」

というものでした。この神さまの言葉を聞いていたので、**この映画はきっと神さまに会って、言葉を交わした人がつくった映画なのだなと思いました**。

その後、私はゴキブリの栄養価について調べてみたのですが、これが人間の健康にとって最高によいものだったので二度驚きました。昔の中国の人はゴキブリを食べたといいますから、さすが中国四〇〇〇年の歴史はすごいと思います。

余談ですが、ゴキブリと同様、ミミズにもすばらしい栄養があるそうです。

動物たちが大切なことを教えてくれる

私は動物が大好きです。

山の自宅では、犬二匹（ゴールデン・レトリバーが一匹、チワワが一匹）、馬一頭、ロバ一頭、ピーコック（くじゃく）二羽、豚一頭、やぎ二頭、羊二頭、うさぎ四〇羽、鶏六〇羽、アヒル五羽、ホロホロ鳥五羽を飼っています。

動物から学んだことは、「真理と愛」でしょうか。

なぜならば、動物の心にはこのふたつしかないからです。人間のような邪念も計算もありません。それが動物のもっともすばらしい点です。

愛とは本能であり、生命力であり、情熱ですから、そんな動物たちと生活をともにできることで、私の人生は大いにパワフルになっています。

私は動物とも会話をすることができますが、動物たちは死ぬ瞬間であっても、

「もう僕は死ぬからね……さようなら」

としかいいません。彼らは人間よりもずっと寿命が短くて、生まれてすぐ死ぬようなことも多々あります。ところが、

「まだ一週間しか生きていないじゃないの?」

と問うたところで、彼らは、

「いいのです。十分幸せです。さようなら……」

そういって、あっさりと潔く、美しく死んでゆきます。

私はその死を見送ると、雪の中で凍っている土を掘り、埋葬します。

動物は、本当に純粋です。

人間もそうありたいものです。

日本人のいいところ、悪いところ

日本人は本当に優しくて親切で、思いやりがある人たちなので私は大好きです。

アメリカ人の親切には目的があるので、注意が必要です。

私は日本に生まれましたが、教育はロシア流のものを受けました。

父はロシア人でしたが、よく私を次のように諭《さと》しました。

「ケンよ。人にいわれたことは信じるな！」

続けてこうもいいました。

「自分で感じたことだけを信じなさい」

実際、私はこの父の言葉を座右の銘として生きてきましたし、それは間違っていなかったと思います。ロシア人は、まず人のことを疑ってかかります。簡単には信じません。誰かが、

「雨が降ってきたよ」

といっても、自分が屋外に出て、実際濡れてみること、そして降り注ぐものが確かに雨であると感じたときに、初めてその言葉を信じなさいと教えられました。

これはロシア人が用心深い人種であり、そのような文化を持っているということです。ロシアの厳しい風土が養ってきた感覚なのでしょう。

このエピソードでわかるとおり、父は厳しく性格もキツい人でしたが、日本人である母はとても優しい人でした。私はその中間の存在ということになります。

日本人のよさであり、同時に残念なところでもあるのは、周囲の人々の視線を気にしすぎるということでしょうか。その結果、なんでも自分のためではなく、他人のためにやるという精神が働いてしまいます。

子どものために……旦那のために……妹のために……などといっては、自分の大切な命と人生をあと回しにして、七五％ぐらいの時間は他人のために生きている。

「その生き様はたしかに美しいけれども、あなたはどうしたいの？」

そんなふうに感じてしまうところがあります。

もう少し日本人が自分を大切にし、自分のために何かをするようになれば、もっと強く、もっと素敵な国になると思います。

きっと、いまはその過渡期の時代なのでしょう。

すべてのスタートは、自分自身を愛することからはじまるのです。

いまこそ本当の「独立国家」になるべきだ

日本人ほど、まわりの人の感情に流されやすい民族はいないのではないでしょうか。

戦前のように一度流れが狂い出すと、国民全員が一生懸命に突っ走ってしまう怖さをはらんでいるのが日本という国だと思います。

現在のような時代の中では、日本人ひとりひとりがどう考え、どう行動を起こすことができるかという、国民の自立した姿勢が何より大切になってきます。

残念ながら、**現状の日本はアメリカの領土の一部、五一番目の州といえるような状態**ではないでしょうか。ニューヨークに居を構えて、対岸の日本を見ていると、いつもそのように思えてなりません。表向きは独立した国家であり、アメリカにとって一番に尊重すべき友人の国ということになってはいますが……。

日本が本当の独立国家であるためには、かつてのベトナムのようにふるまうしかないと思います。戦うべきときはアメリカと断固戦い、日本は日本であると主張し、突っぱねることです。

しかし、日本人はコンビニエンスストアや大手スーパーマーケットの商品を、

「危険だから、やめなさい！」

と私がいっても買い続けますし、病院に行けば「治る医療」ではなく「治す治療」を受けて、薬害や副作用に悩まされます。そんなマインドが植えつけられているのです。

これらがアメリカの資本家によるパワーゲームの戦略であることを、私はもっと知ってもらいたいのです。

「医者は神さまだ！」

いまだにそう思い込んでいる人が日本には多すぎます。多くの西洋医学の医師は、残念ながら神さまではなく、命を扱うビジネスマンと化しています。お金もうけではなく、「人の命を助けたい」との思いで医師になった方には、ぜひ「治る医療」に目を向けてもらいたいものです。

私は抗がん剤や放射線治療など、絶対受けません。すべて毒だからです。抗がん剤の成分の中には、戦時中に毒薬として使用されていたものだってあるのです。

何より大切なことは、ひとりひとりが自分の考え方を大事にして、その考えを行動に移すことです。

自分を愛しながら人生を生き切り、身近な人と手をとり合うこと。この理念にそって、**まずは三人程度の仲間たちと小さな社会をつくることから始めてはいかがでしょうか。**いまはフェイスブックなどのSNSもありますから、その輪はいずれ、さらに大きくなっていくでしょう。

いま行動を起こさなければ、本当にアメリカの属国にされて、さらに高い税金を巻き上げられることになります。

アメリカは、恐ろしい顔は決して見せずに、

「ニホンジンハ、トモダチデス！」

といって、笑顔で日本をビジネスに利用します。

たとえば、クリスマスを祝う習慣です。そもそも仏教国の日本には、キリストの誕生日など関係ありません。

しかし、商品をたくさん売るために、また日本人から日本精神を奪うために、メディアと産業界の力を使って、国民を踊らせてきました。

私にとっては、イエスもブッダも関係ありません。私は私です。

みなさんにも、こうした独立したスピリットをとり戻してほしいと思っています。

「幸福の果実」はみんなでシェアしよう

いよいよお伝えしたいことは、最後になりました。

この本でみなさんに伝えたい最初のことは、**自分自身を愛することの大切さ**でした。それがすべてのスタートで、幸福の果実をつけるための根っことなるものです。

そしてこの本の結びとして、最後にお伝えしたいことは、

「その幸福の果実をみんなでシェアしよう」

という提案です。

私は同じ理想のもとに、さまざまな人種や職業の人たちと新しい小さな社会をつくることで、みなさんとすべてをシェアしたいと考えています。それはたとえば、

「おいしいケーキが焼けた！」

というときに、自分だけで食べるのではなく、みんなでシェアして一緒に食べましょうということです。もちろん、ひとりの取りぶんは小さくなるのですが、

「おいしいね！」

私は、みんなでそういいながら楽しくケーキを食べたいのです。

私はいま、そんな理想郷である、小さな村づくりを進めています。

その村では、誰かが肩こりになれば、ほかの村民が肩をもんであげます。化学的な成分を使用した湿布や薬などではなく、人の手で自然に解決していきます。

「がんになっちゃった……」

という人がいれば、私、ドクター・ケンの出番です。とはいっても、このドクター・ケンと

いう男は大したことをするわけではありません。

「がんなんて病気はないんだよ。その症状は、私と一緒に断食すればすぐに治るよ」

そういって、ともに実践するだけ。

「不眠症になっちゃった」

という人には、マッサージをしてあげて、

「私も寝ちゃおう！」

といって、一緒に眠ってしまうのがドクター・ケンのやり方です。

自分の人生を大事にしながら、相手を思いやること。

それだけで新しい社会が生まれ、すぐに世界へ広がっていくと確信しています。

ともに在《あ》り、何ごともともに楽しもうではありませんか。

そのために、いまは小さくとも自由な村をつくりたい……そう思っています。

この先、私がお伝えしたいこと

多くの出版社のおかげで、昨年から次々と本を出版できて、私の伝えたいことが少しずつみなさんに知っていただけるようになりました。

この出版活動をもっともっと続けて、**さらに広く、多くの人に、私が五度の臨死体験を通して知ることができた事実をお伝えしていきたい**と思います。

それが私の当面の夢といえるものです。

伝えたいことはシンプルなものですが、伝える手段としてのテーマは山ほどあります。

たとえば、男女のセックスの話です。

みなさん、とても興味があるテーマだと思いますが、宇宙につながるセックスというものが、案外忘れられようとしています。

現実問題として、日本にはセックスレスの夫婦、カップルが増えているといいます。私は、どうしても関係がうまくいかないという夫婦に、目の前でセックスしてもらったことがあります。

彼らは、まったく愛情のないセックスをしていました。これでは宇宙につながりません。セックスの話は、とても大切なことですので、ぜひどこかでお伝えしたいと思っています。


地底人のお話もしたいと思っています。

地球には、地底人がたくさん暮らしているのですが、みなさんご存じないでしょう。

私たちが暮らしている、その地面のずっと下には、私たちとまったく同じような世界があって、多くの地底人が暮らしています。実際、私はたくさんの地底人と会って話をしました。

宇宙船のお話もしたいと思っています。

丸ビルよりも大きな宇宙船が、すでに地球に来ているのですが、見えている人はいません。

私は、こうした特異な経験をたくさんしているので、そこでつかんだ真実をどうしてもみなさんに伝えなければならないのです。

これこそが、私が生を享けた運命、五度の臨死体験をさせられた使命なのですから……。

みなさんに感謝を

前作『5度の臨死体験でわかったあの世の秘密』と、本書を出版するにあたって、大変多くの人にお世話になりました。

まず、出版社との懸け橋になってくれたmanicの二本木志保さん、編集に協力してくれた西田貴史さん、出版社イースト・プレスの石井晶穂さん、素敵なカバーデザインを施してくれた水戸部功さんに感謝を申し上げます。

ちなみにカバーの滝の写真は、自宅から車で一〇分のところにある、私の大好きな瞑想スポットです。

昨年出版した一作目を、何度も版を重ねるロングセラーに導くなど、販売に汗を流してくださっているイースト・プレスの営業スタッフのみなさんにも感謝申し上げます。

そして、いつも私を支えてくれる本草閣自然療法センターの全スタッフ、とくに今回の出版のために奔走《ほんそう》してくれた永塚淑恵さんにこの場を借りてお礼をいいます。

本来、人間は一二五歳まで生きられるようにつくられています。

私が死ぬたびにお会いして、お話しさせていただく神さまもそうおっしゃっていますので、間違いありません。

しかし実際は、その前に生を終えてしまう人ばかりです。私もそうなるかもしれません。私たちの社会と自然環境のどこかがおかしくなっていて、生きることを許してくれないのではないか……そんなことも頭をよぎります。

ただ、いくら考えを巡らしても、明日のことなど誰にもわかりません。

大切なのは、未来をしっかり見すえて、いまを精いっぱい生き切ることです。そして、自分を愛し、ともに生きる人たちと手を携《たずさ》えることです。

天国にいらっしゃる船井幸雄先生といつもお話しするのですが、先日こんなことをおっしゃっていました。

「小林君の本は、みなさんの役に立ちはじめている。今回の二冊目は、一冊目の二倍の人に読まれるようになるはずだし、そうでないといけない。がんばりなさい」

大きなプレッシャーを感じましたが、いま伝えたいことは本書に書けたと思います。

あとは、神のみぞ知るということにしておきましょう。

小林 健

小林 健（こばやし・けん）

本草閣自然療法センター院長。1940年、新潟県生まれ。父方はユダヤ系ロシア人で、神秘主義思想「カバラ」の指導者の家系。母方は新潟県十日町に300年以上続く東洋医学の病院、「春日本草閣」の家系。これまでの人生で5度の臨死体験をしている。幼少のころより、自然治療の方法や治癒能力を高める方法を取得。小学生で45日間の断食をみずから行ない達成。39歳まで全国の診療所で診療にあたり、両親の死をきっかけに渡米。ニューヨーク・マンハッタンに治療所を移し、平日はマンハッタンで、週末は郊外の自宅で山と動物に囲まれながら診療にあたっている。身体が発するテラヘルツ波と電磁波を読み取る脈診、風水光、導引光、心通力という宇宙的エネルギーを使った方法も用いて、トータルでの改善を行なっている。クライアントは、あらゆる国籍、人種にわたり、著名人も多数。2009年より日本を訪れ、講演活動やコンサルタントを行なっている。2013年、NPO法人「HONZO HAVEN」を立ち上げ、人々の駆け込み寺となる施設の建設を目指している。著書に『5度の臨死体験でわかったあの世の秘密』（小社刊）、『長生きしたけりゃ素生力をつけなさい』（マキノ出版）、『病を根本から治す量子医学』（キラジェンヌ）、共著に『これからの医療』『ミラクル★ヒーリング』『ミラクル★ヒーリング 2』（ヒカルランド）などがある。

5度《ど》の臨死体験《りんしたいけん》が教《おし》えてくれた この世《よ》の法則《ほうそく》

2017年9月25日　第1刷発行
2020年1月 6 日　第3刷発行

著　者　小林《こばやし》 健《けん》
編　集　石井晶穂
発行人　北畠夏影
発行所　株式会社イースト・プレス
〒101-0051
東京都千代田区神田神保町2-4-7久月神田ビル
TEL:03-5213-4700　FAX:03-5213-4701
https://www.eastpress.co.jp

印刷所　中央精版印刷株式会社

ISBN 978-4-7816-1576-9